Por que as pessoas odeiam seus chefes?

Bruce L. Katcher
com Adam Snyder

Por que as pessoas odeiam seus chefes?

SEXTANTE

Título original: *30 reasons employees hate their managers: What Your People May Be Thinking and What You Can Do About It*, por Bruce L. Katcher, com Adam Snyder.
Copyright © 2007 por Bruce L. Katcher. Publicado pela AMACOM, uma divisão da American Management Association, International, Nova York.
Todos os direitos reservados.
Copyright da tradução © 2010 por GMT Editores Ltda.
Todos os direitos reservados. Nenhuma parte deste livro pode ser utilizada ou reproduzida sob quaisquer meios existentes sem autorização por escrito dos editores.

tradução
Marcello Lino

preparo de originais
Melissa Lopes Leite

revisão
Cristhiane Ruiz, Joana Faro, Taísa Fonseca

projeto gráfico e diagramação
DTPhoenix Editorial

capa
Miriam Lerner

impressão e acabamento
Yangraf Gráfica e Editora Ltda.

CIP-BRASIL. CATALOGAÇÃO-NA-FONTE
SINDICATO NACIONAL DOS EDITORES DE LIVROS, RJ

K31p Katcher, Bruce Leslie, 1953-
Por que as pessoas odeiam seus chefes?: As 30 reclamações mais comuns e o que fazer para conquistar a satisfação e o comprometimento de sua equipe / Bruce L. Katcher com Adam Snyder [tradução Marcello Lino]. - Rio de Janeiro: Sextante, 2010.

Tradução de: 30 reasons employees hate their managers: what your people may be thinking and what you can do about it
Inclui bibliografia
ISBN 978-85-7542-584-8

1. Pessoal – Supervisão. 2. Relações trabalhistas. 3. Administração de pessoal. 4. Relações humanas. I. Snyder, Adam. II. Título.

10-2794
CDD: 658.302
CDU: 658.3

Todos os direitos reservados, no Brasil, por
GMT Editores Ltda.
Rua Voluntários da Pátria, 45 – Gr. 1.404 – Botafogo
22270-000 – Rio de Janeiro – RJ
Tel.: (21) 2538-4100 – Fax: (21) 2286-9244
E-mail: atendimento@esextante.com.br
www.sextante.com.br

Dedicado à memória do meu pai, Milton (Mickey) Katcher. Sua ética no trabalho e sua perseverança diante das adversidades em sua vida pessoal e profissional têm sido uma fonte constante de inspiração para mim.

Sumário

Prefácio 9
Introdução 13

Parte I: Os funcionários são tratados como crianças
1. Somos tratados como escravos 19
2. Sei o que fazer. Por que eles simplesmente não me deixam trabalhar? 28
3. Tenho medo de expressar minha opinião 34
4. Ninguém reconhece minha dedicação ao trabalho 39
5. Existem regras diferentes para pessoas diferentes 44

Parte II: Os funcionários não são respeitados
6. A gerência não nos dá ouvidos 53
7. A gerência não nos respeita 60
8. Quem está no comando, afinal? 66
9. Não confio nas informações que recebo da gerência 69
10. Meu chefe é um péssimo gerente 74

Parte III: Os funcionários não estão recebendo o que realmente precisam
11. Perdi a confiança na gerência 81
12. Temos falta de pessoal 85

13. Eles não me informam o que preciso saber para realizar meu trabalho 91
14. Precisamos de mais treinamento 96
15. A qualidade de nossos produtos e serviços é péssima 103
16. Recebo um serviço ruim dos outros departamentos 109
17. Há burocracia demais nesta empresa 115
18. Por que eles não se livram das pessoas incompetentes? 121
19. Há reuniões demais 126

Parte IV: Os funcionários se sentem desvalorizados

20. Minha remuneração não é justa 135
21. Não está certo recebermos todos a mesma remuneração 141
22. A avaliação do meu desempenho não serve para nada 147
23. Não há relação entre a minha remuneração e o meu desempenho 154
24. O custo dos meus benefícios está devorando o meu salário 163
25. É impossível ser promovido nesta empresa 167

Parte V: "Trabalho" deveria ser mais do que apenas uma palavra

26. Odeio meu trabalho. Para mim, é apenas um ganha-pão 175
27. Não tenho estabilidade no emprego 180
28. Não tenho tempo para mim nem para minha família 184
29. Sinto-me preso. Gostaria de trabalhar por conta própria 190
30. Se minha empresa não está comprometida comigo, por que devo me comprometer com ela? 195

Epílogo: Entre em ação 200

Notas bibliográficas 202

Bibliografia recomendada 205

Agradecimentos 207

Prefácio

O ambiente de trabalho vem se deteriorando muito nos últimos anos, independentemente do setor de atuação ou do lugar onde a empresa se localiza. Ao mesmo tempo, os trabalhadores sofrem uma pressão enorme para produzir mais em menos tempo e com menos recursos, e os benefícios tradicionais do emprego em tempo integral estão sendo reduzidos.

O problema é, em grande parte, uma consequência do fato de os gerentes terem abdicado de seu antigo papel de proporcionar liderança. Em meados da década de 1990, começamos a ouvir a frase "Trabalhamos todos por conta própria", como se não mais estivéssemos no mesmo barco, mas cada um cuidando de si. Esse conceito foi adotado com mais vigor pelas lideranças empresariais do que pelos funcionários, resultando numa ruptura significativa do vínculo entre gerência e subordinado.

Assim que a frase "Trabalhamos todos por conta própria" começou a perder força, a indústria se deparou com a recessão econômica da virada do século. A reação dos gerentes foi pressionar ainda mais os funcionários para que produzissem mais – mais depressa e a um custo menor. O desgaste no relacionamento se intensificou.

Em um mundo perfeito, ou em uma economia perfeita, os profissionais insatisfeitos poderiam encontrar trabalho em outro lugar. A disputa pelos trabalhadores mais competentes melhoraria as condições para todos. A verdade, porém, é que, no ambiente deteriorado que costumamos encontrar, os funcionários muitas vezes perdem a autoconfiança. Não se sentem à vontade para deixar o ninho, por pior que seja a situação. Como resultado, seu desempenho continua a cair, e eles se tornam um peso financeiro para o empregador.

Diante desse cenário, devemos crer que há alguma esperança? Certamente. Em primeiro lugar, apesar de o cenário se mostrar desanimador para a maioria dos trabalhadores, existem algumas empresas que têm combinado resultados financeiros expressivos e uma política de participação ativa dos funcionários. Essas organizações entendem que a maioria dos colaboradores quer alcançar o sucesso e desempenhar um papel central no desenvolvimento do seu local de trabalho. Em troca desse forte comprometimento, eles desejam compartilhar as recompensas do sucesso financeiro da empresa e pedem para ser ouvidos. Querem que a gerência reconheça e respeite suas preocupações e que não interprete suas necessidades como uma falta de dedicação ao trabalho.

Os gerentes dessas empresas extraordinárias também entendem a importância do seu relacionamento com os subordinados. A maioria dos líderes empresariais esclarecidos reconhece que um dos fatores que distinguem as organizações bem-sucedidas das demais é a capacidade de atrair, desenvolver, motivar, coordenar e reter profissionais de alto nível. Obviamente, essas condições não existem em um ambiente no qual os funcionários odeiam os gerentes.

Bruce Katcher reuniu neste livro ferramentas gerenciais capazes de transformar uma situação negativa no local de trabalho em uma grande promessa de superação. Suas lições não se destinam exclusivamente aos gerentes: os funcionários que não ocupam cargos de liderança também podem tirar proveito desse conhecimento. Existem várias sugestões práticas nas páginas a seguir que têm o poder de abrir o caminho para melhorias significativas no relacionamento entre gerentes e funcionários, gerando resultados mais positivos para todos os envolvidos.

BOB GATTI
Presidente da Gatti & Associates, empresa especializada na seleção e na colocação de profissionais de recursos humanos

Introdução

Os funcionários odeiam a gerência porque acham que não são tratados com respeito. Não confiam no que seus superiores dizem. Acreditam que são mal remunerados e se veem cada vez mais forçados a assumir o custo dos benefícios relativos a assistência médica e previdência privada, o que compromete sua renda. Também acham que o emprego exerce um impacto negativo em sua qualidade de vida. A maioria se sente impotente para tomar qualquer atitude em relação a essas preocupações, o que só aumenta a frustração. Eles temem perder o emprego e acham que, mesmo encontrando uma nova colocação, acabariam enfrentando os mesmos problemas.

Como sei de tudo isso? Desde 1993, minha empresa estuda a maneira como os funcionários veem o próprio emprego e o que as organizações podem fazer para melhorar o local de trabalho. Os clientes usam nossos serviços quando querem entender de forma objetiva e quantitativa o que seus colaboradores estão pensando, pois muitas vezes estes temem dizer à gerência o que realmente sentem. Na Discovery Surveys, oferecemos um canal objetivo para esses pensamentos e sentimentos. Durante um programa de pesquisa típico, reúno-me com gerentes e supervisores para obter informações sobre a empresa e compreender o que eles precisam saber dos funcionários. Também tenho a oportunidade de conversar com eles para descobrir o que estão pensando e o que querem que a gerência saiba. Essas perspectivas diferentes ajudam a moldar meu entendimento das condições de trabalho e de relacionamento da organização em questão.

A base de dados da Discovery Surveys, que é a fonte das estatísticas deste livro, representa a opinião de mais de 50 mil funcionários de 65 organizações. Estas se dividem quase igualmente entre indústrias e prestadoras de serviços, e seu quadro varia de 150 funcionários a 5 mil. São, em sua maioria, empresas americanas, mas muitas empregam pessoas em outros países e possuem sedes no exterior.

A insatisfação no trabalho é sem dúvida um problema para os funcionários, pois afeta até sua qualidade de vida. Mas também é algo que acarreta perdas financeiras para a empresa. Embora poucos colaboradores se exponham e digam à gerência que estão infelizes, muitos demonstram comportamentos de resistência passiva que são prejudiciais à organização. Esses comportamentos podem se manifestar na decisão de não comunicar boas sugestões ou de fazer de propósito o mínimo de trabalho possível. Outros podem jogar os colegas de trabalho contra a organização ou então não sentir remorso algum em tirar vantagem da empresa de alguma maneira. A verdade é que quando os funcionários se recusam a se empenhar de forma plena para atingir os objetivos da empresa, a produtividade cai, a satisfação dos clientes diminui e o lucro é quase sempre reduzido.

A gerência se importa com isso? Está ouvindo os gritos dos funcionários? Na maioria dos casos, a resposta é "não", e isso é contraproducente.

O propósito deste livro é ajudar supervisores, gerentes e profissionais de recursos humanos a entender por que os funcionários estão infelizes e o que fazer para transformar o local de trabalho em um ambiente mais agradável e produtivo.

Todos os dias os gerentes analisam toneladas de dados, como relatórios financeiros sobre vendas, despesas e receitas, para exercer sua função da melhor maneira. Mas, em um ambiente competitivo no qual a produtividade é um ativo crucial, um relatório quantitativo sobre a saúde psicológica dos colaboradores é uma ferramenta igualmente importante.

Cada uma das cinco partes do livro trata de uma questão específica que, segundo nossa pesquisa, consiste em uma preocupação dos funcionários. Na Parte I analisamos as reclamações dos profissionais que acham que não têm liberdade para realizar seu trabalho e que são tratados como crianças. Depois, discutimos como os gerentes podem tratá-los de forma mais adulta.

Em muitas empresas, os gerentes não respeitam o trabalho dos subordinados e estes não respeitam as decisões tomadas pelos superiores. Na Parte II mostramos como quebrar esse círculo vicioso.

Muitos funcionários acham que os gerentes não disponibilizam pessoal qualificado nem oferecem treinamento e orientação suficientes para que o trabalho seja realizado de forma adequada. Eles também acreditam que a organização poderia operar com mais eficiência. Falamos na Parte III sobre como dar aos funcionários o que eles realmente precisam para executar seu trabalho e sobre como combater o excesso de burocracia, a falta de comunicação entre os departamentos e as reuniões malconduzidas.

Há funcionários que se sentem pouco valorizados pelos gerentes e acham que a chance de obter os aumentos de salário ou as promoções que julgam merecidos é remota. Na Parte IV explicamos o que os gerentes podem fazer para lidar com essas preocupações.

E, por fim, na Parte V discutimos como os gerentes podem ajudar seus subordinados a se sentir mais próximos da empresa e a se comprometer com ela ao mesmo tempo que a empresa se compromete com eles.

Dentro desses parâmetros, cada um dos 30 capítulos descreve um problema específico e apresenta algumas das teorias psicológicas que tentam explicar por que os funcionários se sentem escravizados e por que tantos empregadores agem como se fossem seus senhores. Também são apontados os passos específicos que a gerência deve dar para tornar o ambiente de trabalho um lugar mais produtivo e satisfatório para todos.

PARTE I

Os funcionários são tratados como crianças

1

*46% dos funcionários acreditam que
são tratados de forma desrespeitosa pela gerência*

Somos tratados como escravos

Minha irmã trabalhava no departamento de crédito e cobrança de uma pequena empresa de locação de equipamentos médicos. Um dia liguei para ela de manhã e, menos de um minuto depois, avisou que precisava desligar. Havia acabado de receber um e-mail da supervisora perguntando em tom sarcástico se ela estava no intervalo. No dia seguinte, ela descobriu que a chefe estava lendo seus e-mails particulares e escutando seus telefonemas. Nem é preciso dizer que ficou furiosa. Mas o que podia fazer? A empresa tinha o direito legítimo de espioná-la e ela precisava desesperadamente daquele emprego. Minha irmã achava que estava sendo tratada como uma escrava.

O emprego é uma forma de escravidão. Essa é uma analogia provocadora e pode ser ofensiva para alguns, mas é a chave para entender por que alguns funcionários se sentem infelizes com tanta frequência.

Os dicionários definem escravo como alguém que perdeu o controle de si mesmo e está dominado por alguma outra coisa ou pessoa. Isso é exatamente o que acontece no local de trabalho. Muitos funcionários, acorrentados ao emprego, com pouca liberdade para controlar o trabalho cotidiano ou a carreira, sentem-se escravizados.

Os funcionários são "dominados" porque o empregador controla não apenas *o que* eles fazem, mas também o *momento* e o *lugar* em que realizam suas ações. Em troca de remuneração e benefícios, os funcionários devem se conformar a um horário preestabelecido e a regras de vestuário e de trabalho. Devem obedecer as ordens dos superiores e manter boas relações com supervisores e colegas. Muitos deles têm pouca influência no modo como o próprio trabalho é executado. Em suma, são comparados a escravos porque o empregador controla seu tempo, seu espaço e suas ações.

Como senhores de escravos, os gerentes de níveis mais altos muitas vezes não ouvem as sugestões dos funcionários nem valorizam suas opiniões. De fato, com frequência nem se comunicam diretamente com eles. Em vez disso, falam com gerentes de nível médio ou com supervisores. Como escravos, os funcionários estão sujeitos aos caprichos da gerência. As promessas feitas por ela costumam ser quebradas sem explicação ou remorso. É comum os colaboradores terem de enfrentar demissões, reduções de salário, aumentos nos descontos para pagar alguns benefícios, e perda de outros. Ao mesmo tempo, também é comum os gerentes (ou "senhores") receberem salários polpudos.

O problema para os empregadores

Os funcionários tratados como escravos começam a se sentir e a se comportar como tal. Vivem em um estado de ansiedade permanente, com medo de não agradar aos superiores e de perder o emprego. Nossa pesquisa mostra que 43% de todos os funcionários se sentem inseguros em relação ao emprego. Esses profissionais ansiosos perdem a autoconfiança e não têm o melhor dos desempenhos. Relutam em expressar opiniões úteis e em desenvolver abordagens inovadoras para o trabalho.

É claro que, na teoria, ao contrário dos escravos, os funcionários são trabalhadores voluntários e têm liberdade para ir embora quando quiserem. Na prática, porém, para muitos, não é isso o que acontece. Eles se sentem presos. Não querem deixar os colegas nem a "segurança" do emprego. Ficam intimidados pela perspectiva de buscar outro trabalho. Ressentem-se silenciosamente da gerência por causa da sua difícil condição.

A psicologia da situação

No verão de 1971, Philip Zimbardo, psicólogo social da Universidade Stanford, e seus colegas realizaram uma simulação da vida na prisão a fim de investigar os efeitos psicológicos daquela situação em um indivíduo que se torna prisioneiro ou carcereiro.[1] Vinte e quatro universitários voluntários foram aleatoriamente designados como guardas ou prisioneiros. Uma prisão foi simulada no campus, no porão do departamento de psicologia.

A única instrução que os carcereiros receberam foi a de manter a ordem, com liberdade para estabelecer suas próprias regras. Quase imediatamente, eles tentaram exercer sua autoridade humilhando e desumanizando os prisioneiros. Embora tenham obedecido no início, os prisioneiros foram ficando com raiva e tentaram exercer sua independência se rebelando. Quando a rebelião foi esmagada, os prisioneiros ficaram esgotados e muito irritados, e os guardas se tornaram ainda mais abusivos. Embora tivessem sido designados de modo aleatório como prisioneiros ou carcereiros, os indivíduos começaram a exibir todos os comportamentos estereotípicos de seus equivalentes na vida real. Zimbardo relatou: "Em poucos dias, nossos guardas se tornaram sádicos e nossos prisioneiros ficaram deprimidos e apresentaram sinais de estresse extremo."

Esse é um dos vários estudos que mostra que o comportamento dos indivíduos é, em grande parte, ditado pelos papéis que se veem obrigados a assumir, mais do que por qualquer outro fator inerente a si próprios, como aptidões ou personalidade. Esse mesmo fenômeno ocorre no local de trabalho. Os gerentes e os funcionários são colocados em papéis com determinadas responsabilidades e incumbências. Esses papéis se influenciam e se alimentam mutuamente. Por exemplo, quando os gerentes tratam os funcionários de maneira autocrática e desrespeitosa, estes agem com subserviência e ressentimento. Do mesmo modo, quando os colaboradores se sujeitam à vontade e à orientação da gerência, esta se torna ainda mais despótica. Se começa de uma maneira ou de outra, não importa – o ciclo de comportamentos de senhor e escravo se perpetua e é difícil de ser modificado.

O estado permanente de ansiedade vivenciado por muitos funcionários se deve ao que os psicólogos chamam de perda da "percepção de controle". Estudos demonstraram que a ansiedade é mais influenciada pelo controle *percebido* do que pelo controle *real* do destino de uma pessoa. Os funcionários se sentem como escravos porque deixam de acreditar que têm controle sobre sua vida profissional. Tornam-se submissos e relutam em exercer sua independência porque acham que não têm escolha. Isso os deixa infelizes e ansiosos.

De acordo com o professor David Gershaw, da Arizona Western College, os psicólogos relataram que o estresse pós-traumático em oficiais da aeronáutica na Segunda Guerra Mundial atingia o ápice entre as tripulações de bombardeiros, era menor entre os pilotos de bombardeiros e registrava seu nível mais baixo entre os pilotos de caças. Ironicamente, os pilotos de caças tinham o índice de baixas mais elevado dos três grupos, embora tivessem o maior nível de controle sobre seu ambiente. Conclusão: era o controle *percebido*, e não o controle *real*, que determinava seu nível de ansiedade.[2]

Tenho vários colegas que trabalham como consultores independentes justamente porque querem controlar a própria vida profissional. Muitos deles deixaram cargos executivos em empresas para abrir suas próprias firmas. A maioria me disse que, depois de sentir a liberdade e o controle conquistados ao trabalhar fora do ambiente empresarial, tornou-se quase impossível sequer pensar em voltar àquela vida repleta de ansiedade. Eles apreciam a liberdade de decidir que trabalho vão fazer, bem como o local e o momento em que vão realizá-lo.

SOLUÇÕES

Tornar-se um senhor de escravos benevolente não basta. A libertação dos funcionários exige a quebra do ciclo de dominação gerencial e o consentimento dos subordinados, que é obtido quando eles são respeitados e têm mais controle sobre o próprio trabalho. Eis algumas sugestões de como emancipá-los, rompendo esse ciclo nocivo.

1. Respeite a privacidade dos funcionários.

Os senhores acham que têm todo o direito de invadir a privacidade dos escravos. A gerência jamais deve espionar os funcionários. Lícito ou não, ler e-mails pessoais e escutar telefonemas particulares são terríveis invasões de privacidade. Você precisa ter uma justificativa clara para monitorar as comunicações de um funcionário, e isso deve ser feito abertamente. Se você não confia nos seus colaboradores, faça um registro dos problemas de desempenho e tome as providências necessárias. Mas não os trate como se pertencessem a você nem presuma que pode violar a privacidade deles sempre que quiser.

2. Trate os funcionários como parceiros.

Os senhores têm uma visão nebulosa da capacidade dos escravos. A gerência deveria se esforçar ao máximo para respeitar os conselhos e pareceres recebidos dos funcionários. Muitas vezes, os gerentes que me contrataram para ajudá-los a entender melhor o que seus subordinados achavam de trabalhar na empresa me disseram: "Falei várias vezes com a alta gerência sobre este problema aqui, mas se você, um consultor externo, disser a mesma coisa, talvez eles acreditem." Nas empresas, é comum a alta gerência não respeitar os gerentes de nível médio que foram contratados para aconselhá-los.

3. Seja honesto com eles.

Os senhores acham que têm o direito de mentir para os escravos. Os gerentes não têm o direito de mentir para os funcionários.

Uma empresa de pesquisa com 500 funcionários e um longo histórico de crescimento e prosperidade se deparou com dificuldades econômicas. O conselho diretor contratou uma nova equipe de executivos e, pouco depois, o novo presidente implementou um programa de demissão de 10% da força de trabalho. Depois, ele se reuniu com pequenos grupos de funcionários para explicar por que aquilo era necessário e para prometer que não haveria outras demissões no futuro próximo. Na semana seguinte, outros quatro funcionários foram mandados embora. O presidente disse que era uma questão de reestruturação, mas ninguém acreditou. Sua credibilidade havia sido destruída e o moral da organização entrou em queda livre, um processo que precisará de anos, e talvez de um novo presidente, para ser revertido.

A honestidade é sempre a melhor política para a comunicação com os funcionários. É claro que haverá momentos em que os gerentes não poderão compartilhar certas informações, mas nada justifica a mentira.

4. Estimule a independência dos funcionários.

Os senhores dizem aos escravos que, quer eles gostem ou não, é assim que as coisas são. Os escravos ficam em silêncio porque têm medo de perder a vida. Os funcionários podem não gostar do que a gerência lhes diz para fazer, mas não reclamam nem questionam porque temem perder o emprego.

Para romper esse ciclo, estimule os funcionários a ser proativos e confiantes. Em vez de rejeitar imediatamente, leve em conta suas reivindicações por melhores ferramentas de trabalho, mais informações sobre os rumos da empresa e maior poder de decisão.

5. Forneça mais oportunidades para que eles controlem a jornada de trabalho.

Os escravos não têm controle sobre a jornada de trabalho. Muitos funcionários também não têm.

Em várias ocasiões, constatei que os profissionais que trabalham meio expediente são os mais felizes. Por quê? Apesar de geralmente ganharem menos, receberem menos benefícios, estarem menos envolvidos no processo decisório da organização e menos ligados aos colegas de trabalho, são mais felizes porque acham que têm mais controle sobre o próprio tempo. Embora também tenham de cumprir horários, não se sentem escravos do relógio. Em vez disso, acham que têm controle sobre sua jornada de trabalho. Portanto, sentem-se mais independentes (e menos escravizados) do que os funcionários que trabalham em tempo integral.

Algumas funções, é claro, exigem que a pessoa esteja no escritório em tempo integral. Um funcionário do setor de atendimento ao cliente precisa estar ao lado do telefone durante todo o horário comercial. No entanto, pergunte a si mesmo se seria mais vantajoso para você ter uma pessoa naquele posto metade da semana e outra igualmente competente nos outros dias. Tente manter os benefícios de assistência médica para aqueles que decidirem trabalhar menos horas.

Se você contratar mais funcionários no regime de meio expediente, contará com uma força de trabalho mais feliz e produtiva.

Além disso, quando têm essa possibilidade, muitas pessoas conseguem executar o trabalho de uma semana em menos tempo. Deixe que façam isso. Afinal, você está pagando para que o trabalho seja realizado ou para que as horas sejam registradas no cartão de ponto?

6. Forneça mais oportunidades para que eles tenham controle sobre seu local do trabalho.

Os escravos, como os funcionários, não podem opinar muito sobre o local em que trabalham. Muitas organizações descobriram que seus colaboradores podem ser igualmente ou mais eficazes trabalhando de casa. Aqueles que vão ao escritório desperdiçam tempo e energia valiosos deslocando-se de casa até o local de trabalho e tirando longos intervalos. Hoje, porém, a maior parte dos negócios é realizada por telefone e e-mail. Pode-se fazer isso com a mesma facilidade em casa.

Os funcionários que trabalham a maior parte do tempo em casa se sentem mais satisfeitos com a própria vida profissional do que aqueles que precisam estar no escritório. Embora se envolvam menos no processo decisório da empresa e estejam menos ligados a seus colegas, eles sentem que têm mais controle. Não precisam estar sentados atrás da mesa ou ao lado do telefone fingindo ser eficientes.

7. Contribua para o desenvolvimento profissional de sua equipe.

Os senhores não permitem que os escravos fujam, mas os empregadores deveriam permitir. Apoie os esforços dos funcionários para se desenvolverem profissionalmente e talvez até para deixarem a empresa por uma oportunidade melhor. Se acreditarem que o emprego atual é apenas uma escala temporária na carreira que escolheram, as pessoas sentirão que têm mais controle sobre sua vida profissional. Os gerentes deveriam fornecer aconselhamento de carreira e oportunidades de desenvolvimento profissional.

Esse tipo de apoio aos funcionários não é meramente altruísta, mas favorece os objetivos da organização com a manutenção de um quadro de colaboradores motivados, qualificados e em ascensão social que se recusam a se transformar em escravos complacentes. Novos funcionários também se sentirão atraídos ao saber que a empresa fomenta o crescimento do seu pessoal.

Conclusão

Ao contrário dos senhores de escravos, a empresa não é dona dos funcionários. O círculo vicioso – a gerência tratando os funcionários de forma desrespeitosa e os funcionários obedecendo, sentindo-se infelizes, ressentidos e sem poder – pode ser interrompido. É do interesse dos próprios empregadores proporcionar o maior nível possível de liberdade aos colaboradores e apoiar seu desejo de mais controle sobre como, quando e onde realizar o trabalho.

2

40% dos funcionários dizem que não têm o poder de decisão de que precisam para realizar bem seu trabalho e 63% acreditam que a maior parte das decisões na empresa não são tomadas no nível apropriado

Sei o que fazer. Por que eles simplesmente não me deixam trabalhar?

Rick é um profissional de recursos humanos competente e experiente que trabalha na mesma empresa há vários anos. Sua chefe é muito controladora, sempre questiona suas decisões e quer ter a palavra final sobre tudo. Rick se sente um prisioneiro e sua voz não é ouvida pelos altos executivos da empresa porque sua chefe só permite o mínimo de contato entre eles.

É inútil dizer que ir trabalhar todo dia é muito difícil para Rick. Ele não suporta a chefe. Sua criatividade e seu entusiasmo pelo trabalho são baixos e ele acha que nunca conseguirá realizar seu potencial de forma plena. Os nervos estão sempre à flor da pele e ele anda pela organização emburrado e amargurado. Seu desempenho vem caindo há vários anos. Ele se tornou irritadiço e esgota emocionalmente os colegas. Sabe disso, mas se julga impotente para fazer qualquer coisa a respeito. Discutiu a questão muitas vezes com a chefe, e até mesmo com a chefe da chefe, mas sem resultados. Rick se sente encurralado. Está procurando outro emprego, mas não consegue encontrar.

Rick gostaria que a chefe o deixasse em paz para que tomasse as decisões que considera mais apropriadas. Ele está disposto a sofrer as consequências caso suas escolhas se mostrem equivocadas.

O problema para os empregadores

Uma cultura na qual os funcionários não têm poder de decisão gera uma força de trabalho infeliz, improdutiva e tolhida, que carece de motivação e é incapaz de assumir riscos prudentes ou de desenvolver ideias inovadoras.

Os funcionários são selecionados pelo empregador porque têm certas habilidades e determinado conhecimento. Quando a empresa não permite que eles usem completamente seus pontos fortes está jogando dinheiro fora. Se as atividades dos indivíduos forem restringidas, o desempenho geral da organização será prejudicado. É responsabilidade da gerência proporcionar um ambiente favorável no qual os funcionários são estimulados a contribuir da maneira mais plena possível.

A psicologia da situação

Existem vários motivos que levam as organizações a não fornecer aos funcionários o poder de decisão necessário. Aqui estão alguns deles:

- *Espelhamento de cima para baixo.* O presidente da empresa gerencia seus subordinados diretos de maneira controladora. Os diretores, por sua vez, adotam inconscientemente o mesmo estilo de gestão com os *seus* subordinados. De acordo com o orientador da minha dissertação, Kenwyn

Smith, a prática pode se espelhar por toda a organização e se tornar parte integrante daquela cultura.[3]

- *Muitos caciques para poucos índios.* Algumas empresas têm um excesso de gerentes de nível intermediário. Para justificar sua existência, eles acreditam equivocadamente que precisam tomar todas as decisões pelos funcionários.
- *Paranoia imposta de fora.* As organizações muito regulamentadas, tais como fabricantes de alimentos, empresas farmacêuticas e usinas nucleares, muitas vezes são vítimas do microgerenciamento, em que os superiores exercem um controle excessivo sobre o trabalho da equipe. Os funcionários têm pouca autonomia para se desviar dos procedimentos operacionais padronizados. O problema é que alguns deles aprendem a evitar pensar por conta própria mesmo quando isso é essencial, como no caso de uma emergência.
- *Medo.* Em meio às atuais dificuldades econômicas, os gerentes vivem com medo de sofrer as consequências caso seu departamento não tenha um bom desempenho. Esse receio faz com que queiram controlar os funcionários em vez de acreditar que eles podem tomar as decisões apropriadas.
- *Incapacidade de abrir mão do controle.* Você já ouviu o ditado "Se você quer que alguma coisa seja benfeita, faça você mesmo"? Muitos pais têm dificuldade em pedir aos filhos que façam pequenas tarefas de casa e escolhem o caminho mais fácil simplesmente fazendo tudo sozinhos. Existem gerentes que agem da mesma maneira.
- *Incapacidade de delegar.* Muitos gerentes estão dispostos a delegar, mas não sabem como. A delegação requer a capacidade de fracionar grandes tarefas em encargos menores, estabelecer prioridades, criar cronogramas e decidir o que precisa ser realizado por você mesmo e o que pode ser executado por seus subordinados diretos. Você precisará

aprender a monitorar – em vez de controlar – as atividades da equipe.
- *Falta de direção.* Em geral os gerentes recebem pouca orientação de *seus* chefes acerca da importância de delegar. Eles devem se encarregar de atividades mais importantes em vez de perder tempo com aquelas que poderiam ser executadas por outras pessoas.
- *Contratações ruins.* Muitas organizações não têm como prioridade selecionar funcionários capazes de pensar por conta própria. Os gerentes se veem, então, forçados a controlá-los.

SOLUÇÕES

1. **Obrigue os executivos a delegar.**
Se os gerentes sênior não delegam, é improvável que seus subordinados diretos o façam. A alta gerência precisa dar o exemplo. Com isso, os outros provavelmente seguirão seus passos.

2. **Forneça treinamento em delegação de tarefas para os gerentes.**
Delegar, dar autonomia e confiar nos funcionários são habilidades que precisam ser ensinadas. Existem muitos programas de treinamento e livros que ensinam a delegar. Exija que os gerentes desenvolvam essa habilidade.

3. **Compartilhe iniciativas de sucesso.**
Bons exemplos podem ser muito eficazes. Peça aos gerentes que estão delegando com sucesso para compartilhar suas medidas bem-sucedidas com os colegas.

4. **Oriente os gerentes a se colocar no lugar dos funcionários.**
É muito fácil para os gerentes perder a perspectiva a respeito das decisões que os funcionários precisam tomar sozinhos. Pergun-

te a si mesmo quais decisões você gostaria de tomar se estivesse em determinado cargo.

5. Avalie o êxito dos gerentes em delegar.

Algumas empresas monitoram o êxito dos supervisores em delegar. Todo ano, os funcionários devem dizer até que ponto concordam com a seguinte afirmação: "Tenho o poder de decisão de que necessito para fazer bem o meu trabalho." Aqueles supervisores cujos funcionários não acham que têm poder suficiente devem, então, desenvolver planos de ação a fim de mudar essa situação. Pode ser útil estimulá-los a participar de sessões de treinamento sobre o tema.

6. Pergunte aos funcionários que nível de decisão acham que lhes compete.

Promova grupos de discussão e entrevistas individuais para descobrir o nível de decisão que os funcionários julgam necessário para fazer bem o próprio trabalho. Depois, comunique o resultado aos supervisores e exija que se reúnam individualmente com seus subordinados para discutir o assunto.

7. Estimule os funcionários a reagir.

Assim como os adolescentes precisam mostrar as garras a fim de ganhar independência, os funcionários têm de reagir aos chefes. Devem deixar claro o nível de decisão de que necessitam e assegurar aos superiores que irão usá-lo de maneira apropriada. É sua responsabilidade garantir que as pessoas que trabalham para você reajam para obter mais controle sobre o próprio trabalho.

8. Treine os funcionários para exercer mais poder de decisão.

Alguns funcionários não deixarão passar a oportunidade de tomar mais decisões. No entanto muitos outros precisarão ser persuadidos e encorajados. Eles podem ter se tornado complacentes por causa do controle exercido pelo chefe. Será necessário treiná-los para que mudem de atitude e se sintam mais à vontade para assumir o controle.

Conclusão

Os funcionários se sentem infelizes quando não podem tomar as próprias decisões. A falta de confiança e de respeito por parte da gerência é uma ofensa à sua autoestima. É necessário ensinar e estimular os gerentes a delegar, a fim de que seus subordinados tenham o poder de decisão necessário a uma organização saudável.

3

52% dos funcionários não se sentem livres para expressar abertamente a própria opinião

Tenho medo de expressar minha opinião

Durante um discurso de encorajamento para as tropas, um corajoso soldado americano que estava servindo no Iraque ousou fazer ao então secretário de Defesa Donald Rumsfeld uma pergunta audaciosa. Ele indagou por que os soldados americanos precisavam vasculhar o lixo para achar blindagem a fim de proteger seus veículos. Essa maneira de expressar sua opinião surpreendeu a todos e recebeu muita atenção da imprensa internacional. Em geral, os soldados se sentem intimidados demais para desafiar seus líderes.

O mesmo se aplica a várias empresas. Segundo a base de dados da Discovery Surveys, apenas 48% dos funcionários se sentem livres para expressar as próprias opiniões. Eles acham que é mais seguro ficar de boca fechada.

Em um hospital, entrevistei um técnico em raio X muito estimado pela gerência. Segundo seu relato, em diversas ocasiões, ele e o gerente não chegavam a um acordo em relação a certas questões de trabalho. Ele disse que, muitas vezes, o gerente sequer reconhecia que ele pudesse ter uma boa sugestão a dar. Por fim, o técnico desistiu de expressar opiniões em seu departamento. "Se tenho uma sugestão, guardo-a comigo", ele me disse. "Isto aqui é apenas um emprego. Trabalho minhas oito horas, pego meu contracheque e, depois, aproveito meu tempo livre em casa." E com isso a gerência perdeu a contribuição de um funcionário valioso.

O problema para os empregadores

É triste constatar que mais de metade dos funcionários tem medo de expressar suas opiniões no trabalho. A falta de abertura produz consequências negativas para os dois lados. O que acontece quando os funcionários não se sentem livres para se expressar?

- Boas ideias deixam de vir à tona
- Problemas importantes não são detectados
- Informações vitais não são compartilhadas com as pessoas que precisam conhecê-las
- Os grupos tomam decisões falhas porque os indivíduos têm medo de discordar
- Tempo valioso é desperdiçado em reuniões improdutivas
- O relacionamento entre gerentes e funcionários se deteriora
- A motivação cai porque os funcionários julgam que o trabalho não merece todo o seu empenho

A psicologia da situação

Os funcionários não expressam suas opiniões por uma série de motivos, dentre os quais:

- *Habilidades de comunicação fracas.* Muitos funcionários não sabem como expressar suas opiniões. Sentem que é mais seguro ficar de boca fechada do que se arriscar a falar e prejudicar a própria imagem.

- *Falta de inteligência emocional.* A capacidade de expressar os próprios sentimentos de maneira apropriada no ambiente de trabalho faz falta a vários profissionais.
- *Medo de represália.* Existem empresas que fomentam um clima de "eliminar o mensageiro" quando más notícias são comunicadas por alguém do baixo escalão. Já percebeu o silêncio ensurdecedor quando um executivo termina uma apresentação e pergunta a um grupo de funcionários se eles têm alguma dúvida? Provavelmente, isso acontece porque, no passado, testemunharam colegas sendo ignorados, menosprezados ou passando por constrangimentos ao tomar a palavra.
- *Insegurança no emprego.* No atual ambiente de demissões fáceis, os funcionários acham melhor ficar de boca fechada sempre que possível.
- *Falta de receptividade da gerência.* Quando expressaram suas opiniões no passado, ninguém ouviu, então, por que eles deveriam se arriscar mais uma vez?
- *Clima de indiferença na organização.* Muitos colaboradores se veem como uma mera engrenagem em uma máquina grande e insensível, com pouquíssima chance de serem ouvidos.

SOLUÇÕES

1. Proporcione um clima de abertura.

Os gerentes devem pedir opiniões e ouvir com atenção. Ao ouvir mais do que fala, você aumentará a probabilidade de seus subordinados diretos se abrirem para novas ideias. Agradeça-lhes sempre por suas sugestões.

2. Valorize a iniciativa e use o reforço positivo.

Quando os funcionários apresentarem comentários, sugestões ou críticas, faça um esforço para manifestar sua consideração pelas contribuições. Agradeça com sinceridade, tomando o cuidado para não ser condescendente. Isso não apenas aumentará a probabilidade de eles expressarem novamente as próprias opiniões, como também promoverá um clima de abertura que será disseminado pela empresa.

3. Aprenda a ouvir.

Para um gerente, ouvir é uma habilidade importantíssima que pode ajudar a melhorar a disposição dos funcionários para se expressar. Eis alguns princípios fundamentais:

- *Use uma abordagem positiva*. Não descarte automaticamente as sugestões dos funcionários. Não se precipite em julgar.
- *Peça esclarecimentos*. Se você estiver com dúvidas, continue fazendo perguntas e diga aos funcionários que "não entendeu" ou que "está confuso".
- *Evite perguntas ameaçadoras*. Por exemplo, perguntas do tipo "Quem disse para você fazer isso dessa maneira?" ou "Quem é o responsável?" restringirão o tipo de reação que você poderá obter.
- *Seja um ouvinte ativo*. Quando estiver ouvindo um funcionário, dê toda a atenção a ele. Técnicas como manter contato visual, assentir com a cabeça em momentos apropriados e dizer coisas como "Entendo" e "Certo" em resposta ao que está sendo exposto deixam claro que você está atento e aprecia a opinião do outro.
- *Faça perguntas abertas*. Perguntas como "O que você acha disso?" ou "Poderia me falar mais sobre aquilo?" exigirão respostas mais completas do que "sim" ou "não".
- *Use paráfrases*. Repetir ou parafrasear o que a pessoa acabou de dizer geralmente a encoraja a continuar a falar.

4. Adquira o hábito de fazer revelações.

Quando os altos gerentes demonstram abertura, o efeito pode ser contagioso. Por exemplo, um executivo pode se levantar na frente dos funcionários e dizer algo do tipo: "Como vocês sabem, decidimos recentemente comprar outra empresa, mas tive muitas dúvidas, como... O que gostariam de saber a respeito disso?"

Conclusão

O fato de que menos da metade dos funcionários se sente livre para expressar opiniões tem uma consequência negativa para todos. Quando eles relutam em apresentar as próprias ideias ou em questionar a gerência, as organizações não conseguem aproveitar todo o seu potencial. É preciso que gerentes e supervisores façam um esforço constante para estimular um clima de abertura e aprimorar sua capacidade de ouvir. Os benefícios para a organização serão recompensadores.

4

43% dos funcionários dizem que seu empenho não é valorizado

Ninguém reconhece minha dedicação ao trabalho

Muitos dos funcionários de um pequeno hospital rural na Nova Inglaterra têm mais de 25 anos de casa. Embora a maioria deles goste do trabalho e dos colegas, várias enfermeiras se queixam de que o hospital não reconhece adequadamente seus anos de serviço. Elas acham que não deveriam trabalhar nos fins de semana, que precisam ter mais dias de férias e receber um salário bem maior do que o das enfermeiras recém-contratadas.

Numa pequena indústria familiar, os funcionários com muito tempo de serviço também estão preocupados com a falta de reconhecimento. À medida que a organização foi crescendo, aqueles que trabalhavam na empresa havia mais de 30 anos começaram a se sentir meros operários, e não mais parte da família. Eles gostariam que sua contribuição fosse mais valorizada pelos donos da empresa e pelos supervisores.

O problema para os empregadores

Muitos funcionários se sentem infelizes porque acreditam que a gerência não dá valor ao bom trabalho que realizam. Anseiam por motivação e por feedback positivo, mas acham que os supervisores não reconhecem quando eles:

- Tomam boas decisões
- Assumem riscos prudentes
- Fazem importantes contribuições durante reuniões
- Apresentam ideias inovadoras

Um dos sinais de uma organização saudável é o clima de reforço positivo e de reconhecimento. Os supervisores dessas empresas dizem com frequência aos funcionários:

- "Boa observação."
- "Ainda bem que você tocou nesse assunto."
- "Gostei muito de você ter feito isso."
- "Bom trabalho."
- "Muito bem."
- "Obrigado."

Aqui estão seis razões pelas quais os gerentes deixam de manifestar seu reconhecimento aos funcionários:

1. Eles não dão valor à equipe
2. Veem os subordinados como despesas, e não como investimentos e ativos essenciais
3. Não percebem a verdadeira importância de elogios e reconhecimento para os funcionários
4. Carecem de um nível apropriado de inteligência emocional. Para eles, agradecer aos funcionários por alguma coisa é um ato estranho e não condiz com seu comportamento interpessoal
5. Não sabem como agradecer ou reconhecer o esforço de uma maneira que pareça genuína, e não condescendente
6. Nunca tiveram seu empenho reconhecido pelos próprios supervisores

A psicologia da situação

Um dos princípios mais bem documentados da psicologia é o de que o reforço positivo aumenta a probabilidade de um comportamento ocorrer novamente no futuro.[4] Da mesma maneira, sem feedback positivo, os comportamentos desejáveis dos funcionários podem não voltar a acontecer. Pior ainda, os funcionários vão se sentir infelizes, desmotivados e improdutivos.

Está provado que o reforço positivo é muito mais eficaz para moldar o comportamento do que a punição. Bonificações anuais, porém, muitas vezes não têm o efeito de reforço desejado porque os funcionários quase sempre consideram-nas um direito adquirido, e não um reconhecimento pessoal por terem trabalhado bem. Um elogio sincero, preciso e autêntico, feito no momento certo, é uma força motivadora muito mais poderosa. No entanto poucos supervisores usam essa abordagem. Estão muito mais acostumados a criticar, censurar, repreender, depreciar ou ignorar os subordinados.

SOLUÇÕES

1. **Use o reconhecimento individual no lugar do reconhecimento coletivo.**

Todo ano, a maioria dos empregadores proporciona um reconhecimento coletivo aos funcionários sob a forma de festas de fim de ano, cestas de Natal ou bônus em dinheiro. Todos recebem a mesma quantidade politicamente correta de recompensa por sua lealdade e seu bom desempenho. Por mais bem-intencionada que seja essa atitude, porém, os indivíduos muitas vezes não a consideram significativa. O que eles querem é reconhecimento pessoal por suas contribuições individuais.

2. **Acrescente às bonificações individuais uma mensagem pessoal apropriada.**

As empresas que simplesmente depositam cheques de bonificação para os funcionários estão perdendo uma excelente oportunidade de comunicar seu apreço com sinceridade. O cheque deve ser acompanhado de uma conversa com um supervisor ou gerente. Se isso não for possível, pelo menos um bilhete pessoal de agradecimento deve ser anexado ao cheque, juntamente com detalhes específicos acerca do desempenho do funcionário.

3. **O reconhecimento deve ser manifestado imediatamente.**

As pesquisas mostram que o reforço positivo tem eficácia máxima quando manifestado logo em seguida ao comportamento desejado.[5] Embora seja uma prática comum demonstrar reconhecimento em certos períodos do ano – como, por exemplo, durante a avaliação anual de desempenho –, é melhor surpreender as pessoas no momento em que elas estão fazendo algo louvável e expressar seu reconhecimento no ato. Assim, fica muito mais claro para o funcionário por que ele está sendo elogiado.

4. **Ensine os supervisores a fornecer feedback positivo.**

Seria de grande proveito para muitos supervisores aprender os princípios simples do feedback positivo. Por exemplo, além de ser fornecido assim que possível, o feedback positivo deve ser proporcional e estar vinculado ao feito. Quando um funcionário apresenta um bom argumento, o agradecimento público é mais apropriado do que uma bonificação imediata em dinheiro, por exemplo.

5. **Faça do feedback positivo parte do processo de análise do desempenho.**

Julgue os supervisores de acordo com o feedback positivo que eles fornecem à equipe. Faça com que isso se torne parte da avaliação anual de desempenho.

6. Forneça feedback sobre o feedback.
Uma maneira de aumentar a quantidade de reforço positivo na organização é "reforçar o reforçador". Em outras palavras, a alta gerência deve periodicamente encorajar os supervisores no sentido de fornecerem feedback positivo aos subordinados diretos.

7. A alta gerência deve servir de exemplo.
O reforço positivo precisa começar de cima. Os gerentes sênior podem dar o exemplo elogiando e reconhecendo apropriadamente seus subordinados diretos. Quando isso é feito de maneira contínua, o processo acaba se disseminando por toda a empresa.

Conclusão

Os funcionários se sentem insatisfeitos por não receberem o reconhecimento apropriado pelo bom trabalho. Eles não acham que sejam valorizados pela gerência. Muitos supervisores não entendem que um pouco de feedback positivo pode ser uma ferramenta gerencial muito poderosa para aumentar a produtividade. Os dividendos para a empresa costumam ser consideráveis.

5

53% dos funcionários acham que as empresas estão aplicando diretrizes e procedimentos de forma desigual

Existem regras diferentes para pessoas diferentes

Eu estava prestando consultoria para uma grande seguradora da região da Nova Inglaterra para ajudar a melhorar o moral e a produtividade dos funcionários. Durante uma série de grupos de discussão, os funcionários de atendimento ao cliente me disseram que estavam muito chateados porque eram obrigados a ir trabalhar e a chegar pontualmente nos dias de nevasca. Aquele fora um inverno muito rigoroso e a viagem até o trabalho era um grande desafio. Eles disseram que os funcionários de outros departamentos podiam chegar atrasados e até mesmo trabalhar em casa. O pessoal do atendimento ao cliente não achava aquilo justo.

Em outro exemplo, trabalhei para uma pequena empresa de relações-públicas de Boston que emprega muitos funcionários jovens e brilhantes recém-formados na faculdade. Eles têm prazo para finalizar comunicados à imprensa e outros projetos dos clientes. Muitos reclamaram que tinham de trabalhar até tarde ao passo que alguns dos colaboradores mais antigos podiam sair às 17h todo dia para pegar os filhos na creche. Achavam que não era justo trabalharem mais simplesmente porque não tinham filhos. "Também temos uma vida pessoal", argumentavam.

Os funcionários vão para o trabalho presumindo que todos serão tratados da mesma maneira. Não gostam do fato de algumas pessoas ou grupos receberem o que consideram um tratamento preferencial. As reclamações típicas incluem:

- Os fumantes têm pausas para fumar, mas os não fumantes não têm intervalos para fazer o que quiserem
- Em alguns departamentos, é possível marcar as férias em qualquer período do ano, ao passo que, em outros, as férias ficam restritas a semanas específicas
- Somente em alguns departamentos os funcionários podem chegar tarde no trabalho, sair mais cedo e ir e vir a seu bel-prazer
- Alguns colegas não se esforçam muito, mas todos recebemos o mesmo salário
- O pessoal de vendas pode fazer longas pausas no almoço, mas nós temos de estar de volta às 13h em ponto
- Os bons funcionários, como eu, acabam realizando a maior parte do trabalho porque a gerência sabe que damos conta do recado e o trabalho sai benfeito

O problema para os empregadores

Quando os funcionários acham que as diretrizes e os procedimentos não são aplicados de maneira justa, deixam de respeitar a gerência, ficam ressentidos com os colegas e perdem a motivação para fazer o próprio trabalho.

Muitas vezes eles confundem tratamento desigual com injustiça. Acham que todos os funcionários devem ser tratados exatamente da mesma maneira a despeito do cargo, das incumbências ou das necessidades pessoais. Mas essas queixas revelam um engano comum. Os trabalhadores precisam ser tratados sempre com justiça, é claro. Não pode haver decisões tomadas com base em gênero, idade, nacionalidade, raça, religião, orientação sexual ou deficiência física. Mas isso não significa que tenham de ser tratados exatamente da mesma maneira.

É bastante apropriado, por exemplo, que aqueles com um desempenho melhor recebam benefícios especiais, salários mais altos e tenham mais flexibilidade. Também faz sentido que haja regras diferentes para trabalhadores com funções diferentes. Algumas tarefas requerem horários rígidos de chegada e saída, ao contrário de outras. Os recepcionistas, por exemplo, precisam estar no balcão no horário regular de trabalho, ao passo que a equipe de vendas muitas vezes participa de reuniões à noite ou nos fins de semana.

Se você tivesse uma filha de 7 anos e um filho de 17, imporia as mesmíssimas regras para os dois? Claro que não. Eles são diferentes e possuem necessidades, responsabilidades e aptidões diferentes. São tratados com justiça, mas não da mesma maneira.

A psicologia da situação

É importante que os funcionários se sintam respeitados por sua dedicação e seu bom desempenho no trabalho. Quando veem outras pessoas recebendo benefícios especiais e privilégios, esse tratamento desigual os torna amargurados e infelizes.

De acordo com a teoria da equidade de John Stacey Adams, os funcionários se comparam e procuram o equilíbrio entre sua contribuição no trabalho (esforço, capacidade, compromisso e tempo) e o retorno que obtêm (salário, reconhecimento, oportunidades de promoção e prazer).[6] Ficam frustrados quando sentem que sua proporção de contribuição em relação ao retorno é maior do que a dos outros. Por exemplo, se uma funcionária acha que seu desempenho no trabalho é muito bom (uma contribuição alta), mas está recebendo o mesmo salário (retorno) que outro funcionário com uma contribuição baixa (desempenho ruim), ela ficará frustrada.

A teoria da equidade também mostra que essa frustração faz com que as pessoas tentem desfazer a desigualdade de cinco maneiras diferentes:

1. *Reduzindo a própria contribuição.* Os funcionários podem reduzir a própria contribuição diminuindo a qualidade do desempenho no trabalho.

2. *Aumentando o próprio retorno.* Se a organização pagasse ao funcionário um salário mais alto, isso ajudaria a reduzir a desigualdade. No entanto o indivíduo frustrado não tem controle sobre esse fator. Outra saída é mudar a percepção em relação ao próprio salário. Por exemplo, ele poderia pensar que está em vantagem porque ganha mais do que seus amigos que trabalham em outra empresa.

3. *Aumentando a contribuição dos outros.* O funcionário frustrado poderia mudar sua percepção da contribuição das pessoas com um desempenho ruim. Por exemplo, poderia dizer a si mesmo: "Embora minha colega de trabalho não tenha um desempenho tão bom quanto o meu, ela deu duro ao longo dos anos e merece descansar um pouco agora." Ou poderia pensar: "Existem muitos outros fatores intangíveis na contribuição do meu colega, como forte lealdade à empresa, participação em comitês ou auxílio a colegas para que o trabalho seja benfeito."

4. *Reduzindo o retorno dos outros.* O trabalhador frustrado poderia tentar reduzir o salário de um colega ou até fazer com que ele fosse demitido queixando-se da situação com seus colegas, com o supervisor ou com a alta gerência.

5. *Saindo de cena.* Se nenhuma das soluções anteriores reduzir a frustração do funcionário, ele pode decidir abandonar aquela situação.

SOLUÇÕES

1. **Promova a flexibilidade em vez de regras rígidas.**
Muitas empresas erram ao se tornar excessivamente regulamentadas. Produzem manuais de conduta grossos como listas telefônicas e esperam que isso ajude a garantir um tratamento justo. Na verdade, as regras estão sempre sujeitas à interpretação, e esses manuais podem até dificultar, em vez de facilitar, a vida dos supervisores. Descobri que organizações que encarregam os supervisores de seguir diretrizes éticas amplas para tomar decisões cotidianas recebem o menor número de queixas relativas à injustiça.

Os funcionários desejam ser tratados como adultos e querem ter certeza de que exceções serão abertas para acomodar suas circunstâncias especiais.

2. **Divulgue uma filosofia da flexibilidade.**
Deixe claro para os funcionários que todos serão tratados de forma justa, mas não exatamente da mesma maneira. Informe que você se reserva o direito de tratá-los como indivíduos e de abrir exceções às regras.

3. **Evite a mentalidade sindical.**
Alguns contratos estipulam que os aumentos serão baseados no tempo de serviço, e não no desempenho. Descobri, porém, que isso gera insatisfação, porque alguns funcionários com mais tempo de casa parecem ser os que trabalham menos e ganham mais. O ideal é complementar o reajuste por tempo de serviço com um abono por bom desempenho.

Conclusão

Os funcionários odeiam a gerência por causa do que consideram injusto, mas isso acontece porque eles confundem justiça e tratamento desigual. Todos os trabalhadores deveriam ser tratados de forma justa, mas não exatamente da mesma maneira. Explique que as empresas são meritocracias, e não Estados socialistas. Eles precisam saber que um tratamento diferenciado será reservado a quem tem bom desempenho, nível de responsabilidade mais alto e necessidades especiais. Não é preciso pedir desculpas.

PARTE II

Os funcionários não são respeitados

6

66% dos funcionários dizem que a gerência não os escuta e 57% afirmam que a gerência não põe suas sugestões em prática

A gerência não nos dá ouvidos

Um dia, um marido preocupado visitou o médico e disse:
— Doutor, estou muito preocupado. Acho que minha mulher está ficando surda. Ela nunca me escuta e não sei o que fazer.

O médico respondeu:
— Quero que você faça o seguinte: vá para casa, fique a 5 metros de distância dela e diga algo. Se ela não ouvir, aproxime-se cerca de 1 metro e tente outra vez. Continue fazendo a mesma coisa até que ela o ouça. Isso nos ajudará a determinar a gravidade da perda de audição.

O homem chegou em casa e viu a mulher na cozinha, descascando legumes na pia. Disse a ela:
— Querida, o que você vai fazer para o jantar?

Não houve resposta. Depois, deu três passos grandes em direção à mulher e repetiu:
— Querida, o que você vai fazer para o jantar?

Mais uma vez, silêncio. Ele começou a ficar muito preocupado. Postou-se bem atrás dela e disse pela terceira vez:
— Querida, o que você vai fazer para o jantar?

Ela se virou e disse irritada:

– Pela terceira vez, teremos legumes refogados.

Não era a audição dela que estava ruim, mas a *dele*. Esse é um problema comum nas empresas. A gerência muitas vezes se queixa de que os funcionários não estão escutando, mas, na verdade, é ela que não dá ouvidos aos funcionários.

Muitos anos atrás, prestei consultoria para uma grande empresa de mídia da Costa Leste. Meu trabalho era fazer uma pesquisa com os funcionários de uma gráfica que fora adquirida havia pouco tempo. Os resultados foram muito negativos. A equipe se mostrava particularmente insatisfeita com o ex-proprietário, que ainda estava no controle, e com seu filho, o segundo na linha de comando.

Em uma série de sessões de feedback, compartilhei os resultados da pesquisa com grupos de 40 a 50 funcionários de cada vez. O filho participou de uma das sessões. Sua tarefa era falar com eles depois da minha apresentação para dizer como a empresa planejava reagir àquelas preocupações.

Uma das principais descobertas foi a de que os funcionários achavam que a alta gerência não dava ouvidos a suas sugestões. O filho se levantou e anunciou: "Se algum de vocês, em qualquer momento, tiver uma sugestão ou outra coisa que queira dizer a mim ou ao meu pai, é só escrever e COLOCÁ-LA NA CAIXA."

Depois, apontou para uma caixa de sugestões fechada a cadeado e aparentemente sem uso que estava presa à parede. Que mensagem você acha que foi transmitida aos funcionários? No fundo ele estava dizendo: "Não estamos nem um pouco interessados no que vocês têm a dizer." Quando perguntou se havia comentários ou sugestões, ninguém levantou a mão, o que não foi nada surpreendente.

O problema para os empregadores

Os funcionários não se sentem felizes quando sabem que a gerência não os ouve. A motivação e o empenho para cumprir os objetivos da empresa certamente vão se deteriorar se acharem que seus superiores não se importam com o que eles têm a dizer.

Estimular uma comunicação aberta entre os funcionários e a alta gerência é crucial para o bom funcionamento de qualquer organização. Os executivos precisam saber o que está acontecendo nas trincheiras, o que os clientes pensam dos produtos e serviços da empresa, como a produtividade e a qualidade podem ser aperfeiçoadas e como os custos podem ser reduzidos. Uma das maiores lições do movimento de melhorias pela qualidade total foi a constatação de que os funcionários que realizam o trabalho geralmente têm ótimas sugestões para o aprimoramento do mesmo. Ignorar essas ideias é a receita para a ineficiência e para a redução de rentabilidade.

Como os funcionários podem confiar no julgamento da alta gerência quando suas boas sugestões são ignoradas? Sem essa confiança, sua motivação e seu empenho despencam. Com o tempo, os funcionários reagem, demonstrando falta de respeito pela gerência e pelos objetivos da empresa.

Muitas vezes, ouvi os funcionários dizerem: "Sei que estão jogando dinheiro no lixo, mas eu nunca diria à gerência como melhorar as coisas. Eles simplesmente me ignorariam." As empresas em que esse tipo de pensamento é predominante estão fadadas ao fracasso.

A psicologia da situação

Os funcionários às vezes se perguntam como pessoas de visão tão limitada foram parar na direção. Existe algum traço comum de caráter ou personalidade que explica o fato de os gerentes de níveis altos ignorarem os subordinados? Eis aqui pelo menos quatro motivos para esse problema:

1. Relacionamentos entre grupos dentro de uma hierarquia organizacional

O primeiro motivo para a gerência ignorar as sugestões dos funcionários pode ser explicado por algo que Kenwyn Smith descreve como "a perspectiva intergrupal". Em qualquer sistema hierárquico, a elite (quem está na alta gerência) vê o mundo de uma maneira diferente de como ele é visto pelas categorias intermediárias da organização (gerentes de nível médio e supervisores), que, por sua vez, pensam diferente da base (funcionários sem cargos de liderança). Fatores externos, como a demanda pelos produtos e serviços da empresa e as atitudes dos acionistas, moldam a perspectiva da elite. Por causa das exigências do seu trabalho, a elite costuma passar muito pouco tempo interagindo com a base. Ela depende das categorias intermediárias para gerir o trabalho da base e saber o que os funcionários estão dizendo. Portanto, a elite muitas vezes não tem contato com essa perspectiva tão distinta da sua.[7]

Quando não interagimos com pessoas que têm visões diferentes das nossas, não confiamos nelas. Assim, os gerentes de alto nível desconfiam da capacidade e do conhecimento da base. Acham que, por verem o mundo de outra maneira, os funcionários "simplesmente não entendem". Da mesma maneira, os trabalhadores da base julgam que a gerência não faz a menor ideia do que está realmente acontecendo na empresa.

Se você promovesse um gerente de nível inferior a uma posição na alta gerência, ele logo desenvolveria o mesmo desrespeito pelas opiniões dos trabalhadores da base. É a posição na hierarquia, e não a personalidade, que desempenha um papel importante na formação da confiança que a alta gerência deposita nos funcionários. Lembre-se de como o estudo de Zimbardo sobre prisões demonstrou que os comportamentos são, em parte, determinados pelos papéis.

2. O papel das profecias que se autorrealizam

Em 1968, o psicólogo Robert Rosenthal realizou uma experiência com uma turma do quarto ano do ensino fundamental na Califórnia. Ele distribuiu testes de QI para os alunos e disse aos professores que aquele teste havia identificado estudantes "retardatários" cujo amadurecimento tardio geraria um salto em seu QI no futuro. Na verdade, Rosenthal havia selecionado aleatoriamente 20% dos alunos.[8]

Depois de um ano, os alunos refizeram o teste. Aqueles que haviam sido rotulados como retardatários obtiveram pontuações mais altas do que os outros estudantes. A conclusão de Rosenthal foi que os professores haviam, consciente e inconscientemente, tratado os retardatários de maneira diferente, o que criou uma profecia que se autorrealizou.

O mesmo acontece, mas de maneira contrária, no local de trabalho. Os gerentes que desconfiam da capacidade e do conhecimento dos funcionários comunicam a eles esse sentimento – algumas vezes, de forma sutil; outras, de forma incisiva. Quando sugestões e conselhos não são levados a sério, os funcionários acham que suas opiniões não contam e, consequentemente, deixam de expressá-las. E como os gerentes recebem poucos conselhos válidos dos funcionários, a falta de disposição para avaliar com seriedade suas sugestões só tende a aumentar.

3. O pressuposto equivocado do poder finito

Um terceiro motivo para a gerência não escutar os funcionários diz respeito à sua visão do poder. Os gerentes muitas vezes acreditam erroneamente que existe uma quantidade finita de poder em uma organização e que cabe a eles acumular o maior montante possível. Eles também acham que isso é medido pelo conhecimento e pela autoridade. Como resultado, não escutam os funcionários porque isso significaria abrir mão do próprio poder.

Nada poderia estar mais longe da verdade. Quanto melhor a gerência conhecer as perspectivas dos funcionários, mais poderosa será a organização como um todo e mais poder terá cada um de seus integrantes.

4. O jogo do telefone sem fio

O motivo final para a gerência não escutar os funcionários é o fato de a comunicação muitas vezes se tornar distorcida. É algo semelhante ao jogo do telefone sem fio que fazíamos quando crianças.

Nas empresas, as categorias intermediárias, tais como supervisores e chefes de departamento, ficam imprensadas entre a alta gerência e a maioria dos trabalhadores. Parte do seu trabalho é transmitir as mensagens de um lado para outro entre os dois grupos. Paradoxalmente, são eles que costumam atrapalhar esse fluxo de comunicação.

SOLUÇÕES

1. **Contorne a hierarquia.**

É muito fácil as boas sugestões se perderem na hierarquia. Os funcionários da base ficam frustrados quando os supervisores (as categorias intermediárias) não transmitem suas sugestões à alta gerência. A alta gerência deveria evitar a burocracia realizando reuniões com os funcionários. Encontros como "lanche com o presidente" ou "almoço com o executivo-chefe" representam boas oportunidades para que a alta gerência consiga obter, de forma direta, ideias úteis dos funcionários.

2. **Livre-se da "caixa de sugestões".**

Não há melhor maneira para sufocar a abertura do que dizer aos funcionários para usar uma caixa de sugestões em vez de expressar suas opiniões publicamente. A gerência deve criar esse tipo de oportunidade para que eles exponham suas ideias.

3. **Estabeleça expectativas realistas.**

Os funcionários costumam ficar desapontados quando suas sugestões não são usadas, mas, em alguns casos, eles estão enganados ou têm expectativas irreais. A gerência precisa deixar claro que nem todas as sugestões podem ser implementadas, mas que todas são bem-vindas.

4. **Promova a multiplicação de sugestões.**

A gerência deve deixar claro para os funcionários que considera a apresentação de sugestões parte do trabalho de todos.

5. **Feche o círculo.**

É importante que a gerência informe aos funcionários quando suas sugestões estão sendo implementadas. Reconhecimento público ou prêmios em dinheiro por boas ideias podem ser um estímulo poderoso. Tal reconhecimento, combinado com a sensação geral de que os funcionários não estão sendo ignorados, aumentará a probabilidade de continuarem a fazer contribuições úteis.

Conclusão

A gerência muitas vezes não escuta os funcionários, que ficam insatisfeitos com essa situação. Uma comunicação perfeita entre as duas partes pode não ser uma perspectiva realista, mas falar diretamente com os subordinados pode contribuir muito para a criação de uma cultura de respeito mútuo na qual boas ideias fluem com liberdade. A gerência só precisa pedir sugestões aos funcionários e estar aberta para implementar as boas propostas.

7

*46% dos funcionários acreditam que suas empresas
não os tratam com o devido respeito*

A gerência não nos respeita

Um grande fabricante de material de construção pediu minha ajuda para desenvolver uma pesquisa com os funcionários. O diretor de recursos humanos perguntou se seria possível planejar o questionário levando em conta as mesmas quatro categorias de partes interessadas listadas no sofisticado livreto impresso em cores que apresentava a nova visão da empresa. Tratava-se de uma publicação bonita e bem organizada, descrevendo, em páginas separadas, como a empresa agregava valor para a comunidade, os investidores, os clientes e os funcionários.

Por precaução, decidimos realizar um teste preliminar do instrumento de pesquisa para nos certificar de que os funcionários haviam entendido como responder cada um dos itens e de que estávamos fazendo as perguntas certas. Convidamos 12 colaboradores de diferentes níveis hierárquicos e departamentos para participar da sessão.

Distribuí o questionário e pedi que o completassem. Depois de aproximadamente 20 minutos, perguntei: "Então, o que acham?" As reações me surpreenderam. Todos disseram: "Se esta pesquisa chegasse à minha mesa, eu não a completaria." Quando pedi explicações, eles argumentaram: "Esta é uma maneira de a empresa nos impor sua nova visão, e não de demonstrar que se importa com o que pensamos sobre trabalhar aqui."

Resumindo, aquelas pessoas achavam que não eram respeitadas. A partir dessa informação, reelaboramos a pesquisa usando categorias que avaliavam as opiniões dos funcionários levando em consideração as questões que mais os preocupavam, e não as categorias da nova visão da empresa.

Minha irmã trabalhou no departamento administrativo de uma grande empresa de assistência médica. Ela e outros 25 funcionários de nível universitário eram responsáveis pelo processamento de pedidos de reembolso de despesas médicas. Aqui estão três memorandos que ela e seus colegas receberam da gerência. Trata-se de transcrições literais.

"Só um lembrete para que todas as questões pessoais sejam resolvidas antes de vocês baterem ponto. Isso inclui higiene pessoal, ingestão de bebidas ou alimentos matinais ou qualquer outra tarefa pessoal que não esteja diretamente relacionada ao trabalho. Vocês não devem se ocupar com essas questões após terem iniciado a jornada de trabalho."

"PEÇO RESPEITOSAMENTE QUE CADA UM DE VOCÊS PRESTE ATENÇÃO AO PRÓPRIO TRABALHO E, CASO OUÇAM ASSUNTOS PESSOAIS ALHEIOS, IGNOREM O QUE OUVIRAM."

"CÓDIGO DE VESTUÁRIO: O CÓDIGO DE VESTUÁRIO DEVE SER SEGUIDO POR TODOS... SE VOCÊ ESTIVER EM DÚVIDA QUANTO AO SEU TRAJE, PROVAVELMENTE ELE NÃO SATISFAZ AS EXIGÊNCIAS... ADOTAMOS UM ESTILO EXECUTIVO INFORMAL... CASO UMA ÚNICA PESSOA NÃO CONSIGA SEGUIR AS DIRETRIZES, ADOTAREMOS O TRAJE EXECUTIVO FORMAL."

O problema para os empregadores

Memorandos como esses são ofensivos, degradantes e desrespeitosos. Se a gerência quer que os funcionários ajam como adultos, precisa tratá-los como adultos. Para exigir o respeito dos colaboradores é preciso respeitá-los. Meu trabalho me leva a conhecer empresas de vários tipos. Mesmo em uma visita inicial, consigo perceber se uma organização respeita ou não os funcionários. Eis alguns dos fatores que indicam um ambiente de trabalho desrespeitoso:

- Vagas de estacionamento especiais são reservadas para altos executivos da empresa, mas não para "o funcionário do mês", pessoas com necessidades especiais ou visitantes
- Os gerentes não apresentam a equipe ou os colegas aos visitantes
- Os visitantes ficam esperando muito tempo na recepção
- O recepcionista não tenta fazer com que os visitantes se sintam à vontade
- Palavras simples como "por favor" e "obrigado" são raramente usadas

A psicologia da situação

Por que a gerência trata os funcionários de maneira desrespeitosa? Existem pelo menos quatro razões para isso.

1. *Perspectivas diferentes.* Como já foi discutido anteriormente, a perspectiva dos executivos difere da perspectiva de quem está na base da organização. O alto escalão tende a ter uma visão deturpada das habilidades e dos conhecimentos dos funcionários e, por isso, não os respeita.

2. *Espelhamento.* Lembre-se de que "espelhamento" é o fenômeno no qual as relações nos níveis superiores de uma empresa

se disseminam até os níveis mais baixos. Por exemplo, se os pais demonstram um comportamento violento na frente dos filhos, os filhos sem dúvida agirão da mesma forma diante de outras pessoas. De modo similar, se os gerentes sênior não respeitam seus subordinados diretos, esses gerentes do segundo escalão demonstrarão um nível semelhante de desrespeito em relação a *seus* subordinados diretos, e assim por diante. A prática do desrespeito se dissemina, ou se espelha, por toda a organização e se torna parte da sua cultura.

3. *Insegurança*. Um terceiro motivo para o desrespeito pelos funcionários é a insegurança. Os gerentes e supervisores que não confiam na própria capacidade muitas vezes menosprezam opiniões de seus subordinados diretos.

4. *Incapacidade de valorizar os funcionários*. Outra causa subjacente do desrespeito está no fato de os colaboradores serem vistos como despesas, e não como ativos que produzem receita. Os gerentes sênior de empresas saudáveis sabem que o motor que impulsiona suas organizações são os funcionários. Eles os tratam como um investimento que precisa ser respeitado.

SOLUÇÕES

1. Respeite a privacidade do funcionário.

Discuta questões pessoais e delicadas em particular. Como observado no Capítulo 1, não espione seus subordinados. Uma pesquisa realizada em 2005 pela American Management Association com 526 empresas americanas revelou que 55% delas usam algum tipo de software para monitorar os e-mails recebidos ou enviados pelos funcionários.[9] Seja a exceção. Siga o caminho mais ético e respeite a privacidade deles.

2. Conheça seus funcionários.

Em empresas saudáveis, os supervisores, gerentes e até os diretores executivos sabem o nome da maioria dos funcionários.

Também têm algum conhecimento sobre a família e sobre os principais interesses de cada um deles. Não trate-os como robôs.

3. Comunique-se individualmente com eles.

Não envie e-mails genéricos ameaçando ou punindo todos os funcionários. Mesmo nas organizações em que o trabalho em equipe é crucial, cada profissional deve ser acompanhado individualmente.

4. Aplique a disciplina aos indivíduos, e não às equipes.

Se você tiver um problema com um funcionário por causa da sua conduta, do seu vestuário ou do horário, fale com ele em particular. Se necessário, use a avaliação de desempenho e os processos disciplinares da empresa como ponto de partida, mas seja franco ao comunicar a essa pessoa suas preocupações e ações.

5. Reconheça que os funcionários têm uma vida fora do trabalho.

Não há desculpa para usar descaradamente o horário de trabalho para resolver assuntos pessoais, mas será que falar ao telefone com um familiar é tão terrível assim? Entrar em contato com a creche dos filhos significa lesar a empresa? Claro que não.

6. Trate os funcionários como adultos.

Gastar duas horas no almoço todos os dias pode ser inapropriado, mas tomar café ou água à mesa de trabalho é uma violação do tempo da empresa? Provavelmente, não.

7. Lembre-se da regra de ouro.

Os gerentes devem garantir aos funcionários o mesmo nível de respeito e dignidade que gostariam que fosse demonstrado por eles.

Conclusão

Não há desculpa para a gerência desrespeitar os subordinados, mas é o que acontece o tempo todo – e eles odeiam isso. Os funcionários devem ser tratados como indivíduos e como ativos valiosos da organização. Conheça seus colaboradores pessoalmente; comunique-se com eles; discipline os indivíduos, e não as equipes; reconheça que eles têm uma vida fora do trabalho e dirija-se a eles como adultos. Resumindo, trate-os com respeito e eles irão se comportar da mesma forma em relação à gerência e aos objetivos da empresa.

8

*48% dos funcionários acham que a gerência
toma decisões ruins*

Quem está no comando, afinal?

Foi a decisão mais importante da sua carreira em mais de uma década – e ele errou.

Grady Little, técnico do Boston Red Sox em 2003, estava no comando durante o sétimo e decisivo jogo do Campeonato da Liga Americana de Beisebol contra o maior rival do time havia mais de 80 anos: o New York Yankees. Pedro Martinez, melhor arremessador do Sox, estava em ação.

Sua equipe ganhava por 5 a 2. Pedro havia arremessado com brilhantismo até aquele momento, mas já fizera mais de 100 arremessos, e Grady raramente o mantinha no jogo depois daquela marca. Além disso, o banco de reservas do Red Sox tivera um desempenho muito bom nos últimos jogos.

No oitavo tempo, Pedro permitiu que dois arremessos fossem rebatidos e, com uma bola fora, o treinador entrou no campo e perguntou se o jogador cansado queria continuar no jogo. O corajoso arremessador Martinez disse: "Deixe-me continuar." Como de costume, Grady obedeceu ao seu astro.

Pedro lançou um arremesso fácil para o adversário, levando o placar para 5 a 3. Mesmo assim, o técnico permaneceu sentado.

O resto é história. O time acabou perdendo, e os torcedores do Red Sox ficaram arrasados.

Por que Grady Little permitiu que o arremessador tomasse aquela decisão? Infelizmente, ele confiou demais na opinião do seu subordinado em vez de confiar em seus próprios instintos ou em seus conselheiros – um grande erro.

O problema para os empregadores

Os gerentes precisam saber quando obter informações com os funcionários e quando tomar decisões difíceis por conta própria, mesmo que isso signifique não levar a opinião dos demais em consideração. É tarefa da gerência reunir todos os dados, avaliá-los e tomar a decisão tendo em mente o que for mais vantajoso para a empresa.

Quando os gerentes abdicam da responsabilidade de dar a palavra final, os funcionários perdem a confiança neles. A falta de confiança gera menos comprometimento e prejudica o moral.

A psicologia da situação

Parte do "contrato psicológico" que os funcionários aceitam implicitamente ao entrarem para uma empresa diz que, em troca da remuneração e de um tratamento justo, eles seguirão as decisões tomadas pelos supervisores.

A maioria dos profissionais tem opiniões fortes acerca de quais decisões devem ser tomadas. Eles querem participar, mas preferem que a gerência decida as questões cruciais. Estão determinados a desempenhar um papel de subserviência se a gerência assumir a responsabilidade e agir por conta própria. Em geral, estão dispostos a acatar essas decisões e a implementá-las.

Quando toma decisões equivocadas ou não age no momento oportuno, a gerência está violando esse contrato psicológico.

SOLUÇÕES

1. **Entenda que os objetivos da organização e os objetivos dos funcionários nem sempre são os mesmos.**

Pedro queria mostrar ao mundo que podia continuar a vencer os rebatedores do Yankees. Ele queria calar os críticos após a última derrota no campeonato. Provavelmente, também queria manter seu salário nas alturas durante as negociações que aconteceriam em seguida. Mas esses não eram os objetivos de Grady Little, que queria apenas ganhar o jogo. O principal conselho usado para tomar essa decisão veio da pessoa errada.

2. **Saiba estabelecer o limite.**

Os funcionários certamente tomam várias decisões no dia a dia do trabalho, mas a gerência deve tomar sozinha decisões mais estratégicas. No caso de Grady Little, ele deveria ter decidido sozinho, sem sequer consultar o jogador. Será que ele esperava mesmo que Pedro dissesse "Claro, por favor, me tire do jogo"?

3. **Consulte seus conselheiros mais experientes.**

A decisão cabia a Grady Little, mas ele precisava reunir mais opiniões de auxiliares técnicos do time. Grady deixou que suas emoções e as do seu astro determinassem a decisão. Essa não é uma estratégia inteligente.

Conclusão

A gerência precisa tomar decisões difíceis mesmo quando elas contrariam os desejos dos subordinados. Os gerentes devem consultá-los antes de dar a palavra final, mas os funcionários ficarão mais felizes se souberem que seus superiores não hesitarão em tomar uma decisão importante e difícil por conta própria.

9

45% dos funcionários não confiam nos dados passados pela diretoria

Não confio nas informações que recebo da gerência

Eu estava prestando consultoria para uma empresa de engenharia ambiental da Costa Leste que utilizava uma força de trabalho de aproximadamente 350 pessoas em 10 localidades dos Estados Unidos e em vários lugares no exterior. A confiança na gerência nunca estivera tão baixa.

Como reação à queda na receita, a empresa passava por muitas mudanças. Durante o ano anterior, seu tamanho tinha sido reduzido em mais de 25% e um novo gerente operacional fora contratado para ajudar a pôr o foco no resultado financeiro. Havia planos para uma cisão, que criaria um pequeno grupo de serviços administrativos e um outro grupo operacional maior. O proprietário também considerava vender a empresa.

Os funcionários achavam que a alta gerência tinha muito mais informações sobre o futuro da companhia do que as que estavam sendo divulgadas e o moral da equipe se tornou um grande problema. Os boatos corriam a todo vapor, alimentando o temor de que a empresa fosse vendida e houvesse mais demissões. Achavam que a gerência não estava mais sendo sincera.

A verdade era que a alta gerência não fazia a menor ideia do que aconteceria em seguida. Os diretores também estavam no escuro e não haviam traçado planos de contingência caso a receita continuasse a cair. Não queriam alarmar ninguém aventando hipóteses, por isso transmitiam aos funcionários pouquíssimas informações sobre a situação. Nem sequer admitiam que também se sentiam inseguros em relação ao futuro.

Em outra ocasião, realizei uma pesquisa junto aos funcionários de uma indústria fabril com filiais em Atlanta, Nova Jersey e no oeste de Massachusetts. Antes de desenvolver a pesquisa, visitei cada uma das fábricas para falar com os gerentes e os funcionários. Em uma das unidades, as duas partes estavam constantemente em conflito. Um grupo não confiava no outro. Essa situação vinha se deteriorando havia muitos anos, mas a gerência se sentia impotente para fazer algo a respeito. Os funcionários não acreditavam em nada do que os superiores diziam, e como consequência, estes pararam de confiar nos subordinados. Ninguém sequer se lembrava de como o círculo vicioso havia começado. Um gerente disse: "As coisas ficaram tão ruins e estão desse jeito há tanto tempo que a única maneira de acabar com essa situação é demitir todo mundo, mudar a fábrica para outra parte do país e contratar novos funcionários e gerentes."

O problema para os empregadores

Já assisti a várias apresentações nas quais a alta gerência tentava comunicar aos funcionários informações importantes acerca do desempenho da empresa. É comum ver muitas pessoas sentadas de braços cruzados expressando um profundo ceticismo por meio de sua linguagem corporal. Como a gerência pode esperar que a equipe abrace os objetivos da organização se ela não confia nas informações que recebe a respeito desses objetivos? Quando os funcionários não confiam na gerência, sua produtividade e seu comprometimento despencam.

A psicologia da situação

Os gerentes sênior tendem a esquecer que sua perspectiva da empresa é muito diferente do ponto de vista dos funcionários. Eles têm acesso a mais informações sobre o desempenho da organização, o mercado e a economia, mas muitas vezes ignoram a importante responsabilidade de comunicar esses dados aos funcionários.

A gerência acha que se não há nada de importante para relatar aos funcionários, não precisa dizer nada. Estes, porém, sentem necessidade de receber informações. Quando isso não acontece, desconfiam de que elas estejam sendo negadas de propósito.

Ao se reunirem com os gerentes de nível intermediário, os gerentes sênior presumem que as informações importantes compartilhadas no encontro serão passadas adiante. Infelizmente, muitas vezes não é isso que acontece. É comum os gerentes de nível intermediário saírem de uma reunião com a alta gerência e não relatarem nada aos subordinados diretos. Eles acham que os funcionários não precisam conhecer aquelas informações ou as sonegam intencionalmente. Talvez acreditem que informação é poder e que sua autoridade seria reduzida se contassem tudo o que sabem. Mas esses gerentes têm a responsabilidade de transmitir as informações adiante.

Também é possível que os funcionários possuam expectativas irreais sobre os dados que a alta gerência deveria fornecer. Se não ouvem uma informação específica, muitas vezes presumem o pior e deduzem erroneamente que a gerência não os respeita o suficiente para tratá-los com sinceridade.

SOLUÇÕES

1. Evite os atravessadores.

Os gerentes de nível intermediário na maioria das empresas costumam dizer: "Os gerentes sênior e os funcionários se entenderiam muito melhor se estabelecessem um canal direto de comunicação." Como já discutimos antes, são esses "atravessadores" que, ironicamente, atrapalham a comunicação. Ao passar adiante informações, as pessoas, com ou sem intenção, muitas vezes filtram, floreiam ou distorcem a mensagem.

Em pequenas organizações, os gerentes sênior podem:

- Organizar reuniões regulares com todos os funcionários
- Realizar reuniões informais com os funcionários durante o café da manhã ou o almoço
- Encontrar-se pessoalmente com cada um dos funcionários enquanto caminham pelos corredores

Em grandes organizações, os gerentes sênior podem:

- Preparar mensagens em vídeo
- Enviar e-mails ou memorandos diretamente aos funcionários
- Usar os serviços de profissionais de comunicação para ajudá-los a escolher a mídia, a mensagem e o momento mais apropriados

2. Estabeleça uma diferença entre "é bom saber" e "é necessário saber".

É importante que a alta gerência estabeleça critérios para os tipos de informação que devem ou não ser comunicados aos funcionários. Por exemplo, uma informação deve ser comunicada diretamente a todos os funcionários se:

- Afetar o trabalho que eles realizam
- Causar um impacto em seu futuro dentro da organização
- Afetá-los financeiramente

3. Comunique o que você sabe e o que você não sabe.

Os funcionários querem, acima de tudo, sinceridade. É importante que a gerência comunique o que não sabe e o que sabe. Por exemplo, os gerentes devem ser sinceros quando têm dúvidas sobre:

- Como a economia influenciará os negócios da empresa
- A possível necessidade de demissões
- Os planos para a direção da organização

4. Comunique em excesso.

Não existe frequência excessiva na comunicação de informações importantes. A gerência deve comunicar mensagens importantes aos funcionários mais de uma vez.

5. Use vários canais de comunicação.

Os funcionários têm preferências diferentes em relação a como receber informações. Alguns gostam de ler o boletim informativo da empresa, outros gostam de e-mails e há os que preferem uma apresentação da alta gerência. Para alcançar a todos de modo eficaz, vários métodos devem ser usados.

Conclusão

Quando mantidos no escuro, os funcionários ficam infelizes. Eles odeiam a falta de abertura e de sinceridade da gerência. Para manter a confiança mútua, os gerentes devem entender que os colaboradores precisam saber o que realmente está acontecendo com a empresa. É possível mantê-los bem informados contornando-se a hierarquia, comunicando-se diretamente com eles por meio de vários canais e informando o que você sabe e o que não sabe sobre o que é importante para o trabalho e para o futuro deles.

10

53% dos funcionários dizem que o chefe não os motiva

Meu chefe é um péssimo gerente

Eu estava no último ano da pós-graduação e à procura de um bom tema para minha dissertação havia se tornado um grande desafio. Precisava encontrar um tópico de pesquisa importante e válido que despertasse meu interesse.

Um dia, um dos meus orientadores na Universidade de Maryland sugeriu que, enquanto minha dissertação estivesse no limbo, eu me oferecesse como voluntário para ajudá-lo em um novo projeto de pesquisa. A tarefa era descobrir por que a rotatividade de funcionários era tão alta no departamento de infraestrutura da universidade. Concordei em entrevistar pessoas que estavam planejando deixar o emprego.

A primeira entrevista me causou uma impressão duradoura. Um homem que trabalhava no departamento havia apenas seis meses disse: "Foram os piores meses da minha vida." (E assim encontrei o tópico que procurava para minha dissertação.)

Descobri que aquele funcionário, que tinha quase 50 anos, havia trabalhado como carpinteiro durante 23 anos antes de ser empregado pela universidade. Uma lesão na coluna o forçara a procurar aquele emprego, uma função administrativa na qual ele processava solicitações de serviços de manutenção. Depois de muitos anos como trabalhador autônomo, aquela era sua primeira experiência em um emprego em tempo integral dentro de uma organização.

O homem citou a incapacidade de se relacionar com sua supervisora como um dos principais motivos para querer se demitir. Disse que ela era controladora e não respeitava sua vasta experiência. Ele se sentia pouco valorizado. Achava que ela não lhe passava informações essenciais e só se dirigia a ele para fazer críticas.

Para minha tese, entrevistei 50 funcionários que haviam deixado o emprego recentemente.[10] Muitos explicaram que um dos principais motivos para terem saído foi o relacionamento com os supervisores.

O problema para os empregadores

A maioria dos funcionários se depara com um mau chefe pelo menos uma vez durante a carreira. Muitos acham até que *nunca* tiveram um bom chefe. Indiferença, falta de comunicação e injustiça são características atribuídas a uma supervisão deficiente.

Por que é tão difícil encontrar bons supervisores? Aqui estão seis motivos:

1. *A dificuldade de gerenciar.* Lidar com as questões complexas de motivação dos funcionários e resolução de problemas relacionados ao trabalho e às pessoas é difícil. Poucos profissionais são capazes de dar conta dessas responsabilidades.

2. *Valores incompletos.* As organizações geralmente promovem quem é bom vendedor e atinge metas, e não quem demonstrou boas habilidades interpessoais e de liderança.

3. *Práticas de contratação inadequadas.* Nesta era da especialização, os empregadores raramente se concentram em contratar profissionais com um bom potencial para supervisionar outras

pessoas. Em vez disso, tendem a examinar apenas as habilidades técnicas dos candidatos. Características como a capacidade de motivar os outros e de resolver problemas pessoais complexos, bem como inteligência emocional, quase nunca são levadas em consideração durante o processo de seleção.

4. *Falta de reconhecimento dos bons gerentes.* Os aumentos salariais e as promoções dos gerentes raramente se baseiam na qualidade do seu trabalho de supervisão.

5. *Falta de treinamento.* A maioria das organizações não fornece treinamento apropriado para os supervisores. O treinamento é visto como uma despesa desnecessária, e não como um investimento importante.

6. *Carência de bons exemplos.* Excelentes gerentes de alto nível capazes de orientar outros gerentes e supervisores são a exceção, e não a regra. Em vez disso, muitas vezes vemos cegos guiando outros cegos.

A psicologia da situação

Poucos funcionários conseguem manter a motivação e o moral elevados quando estão trabalhando para um supervisor incompetente. A realidade cotidiana de um profissional é definida em grande parte por seu supervisor direto. Ele precisa sentir que é respeitado, valorizado e tratado com justiça.

Ao longo dos anos, foram desenvolvidas muitas teorias sobre a relação entre o comportamento do supervisor e a satisfação, a motivação e o desempenho dos funcionários. As primeiras teorias partiam do pressuposto de que os bons supervisores possuem algumas características universais que podem ser inatas ou adquiridas. Por exemplo, os bons supervisores utilizam excelentes habilidades de gestão de tarefas, tais como planejamento e organização, e têm habilidades interpessoais excepcionais, tais como carisma e inteligência emocional. O ideal para a organização é encontrar profissionais que já possuam essas habilidades ou que tenham potencial e possam ser treinados.

Teorias comportamentais mais recentes sobre supervisão sugerem que existem dois estilos básicos de liderança: o estilo orientado por tarefas e o centrado em pessoas. Os supervisores *orientados por tarefas* aumentam a motivação dos funcionários deixando claro como eles podem obter as recompensas almejadas. Os supervisores *centrados em pessoas* aumentam a motivação e a satisfação dos funcionários criando um ambiente favorável. Ambas as estratégias podem ser eficazes.

A pesquisa do famoso teórico da administração Robert House mostra que os supervisores são eficazes quando fazem com que os funcionários acreditem que, se trabalharem com afinco, alcançarão metas e, assim, poderão obter as recompensas esperadas.[11]

Aproximadamente na mesma época, Edwin Locke, da Universidade de Maryland, apresentou a teoria de que os supervisores afetam a satisfação dos funcionários influenciando sua capacidade de conquistar os *valores* que consideram mais importantes no emprego[12] – tanto valores relativos a tarefas, tais como atribuições interessantes e prazerosas, quanto não relativos a tarefas, como aumentos, promoções, folgas, bem como equipamentos e condições de trabalho melhores. Um bom supervisor deve ser capaz de identificar os valores prezados pelos funcionários e dar oportunidades para que eles consigam conquistá-los.

SOLUÇÕES

Os bons chefes têm características, estilos ou habilidades que lhes permitem proporcionar aos funcionários um ambiente estruturado e favorável, a fim de que possam alcançar as recompensas e valores que almejam. Eis sete princípios básicos para que você se torne um chefe melhor:

1. Trate os funcionários com respeito e dignidade
2. Envolva-os nas decisões
3. Dê poder aos funcionários
4. Comunique com clareza as atribuições
5. Escute, escute e escute
6. Reconheça que seu trabalho inclui a resolução de "problemas pessoais"
7. Ofereça reconhecimento pessoal

Conclusão

Muitos funcionários estão insatisfeitos com seus chefes, mas ser um bom chefe é difícil. A liderança eficaz requer ações ponderadas e o compromisso de sempre experimentar novas abordagens para descobrir o que é melhor para você e para seus funcionários. Se você supervisiona outras pessoas, estude as particularidades do seu trabalho. Não fique conhecido como "aquele péssimo chefe que tive no meu último emprego".

PARTE III

Os funcionários não estão recebendo o que realmente precisam

11

56% dos funcionários acreditam que sua organização não é bem administrada

Perdi a confiança na gerência

Muitas vezes, a gerência é a última a saber que perdeu a confiança dos funcionários. Meu primeiro contrato de consultoria depois de me tornar autônomo, em 1993, foi com uma cadeia de lojas de varejo que vendia roupas femininas de alta qualidade em tamanhos grandes. O presidente da organização me disse que o propósito da minha pesquisa seria ajudá-lo a tornar sua empresa um lugar melhor.

Por volta da segunda semana do programa, recebi um telefonema de uma firma de capital de risco com sede em São Francisco. "Você não me conhece, mas sou o chefe do conselho diretor do seu novo cliente", disse a pessoa do outro lado da linha. "Solicitamos ao presidente que a pesquisa fosse realizada, portanto, você está trabalhando para nós, e não para ele. Quando tiver terminado sua análise, mande os resultados da pesquisa diretamente para mim." Depois, acrescentou: "E, a propósito, não diga ao presidente que nos falamos."

Como eu tinha sido contratado pelo presidente, enviei o relatório separadamente para ele e para o diretor do conselho. Cerca de uma semana mais tarde, recebi um telefonema da firma de capital de risco dizendo que eles queriam que eu apresentasse os resultados da pesquisa durante uma reunião de emergência do conselho. Alguns minutos antes da reunião, o diretor do conselho entrou na sala e me disse: "Quero que você saiba que hoje de manhã aceitamos a demissão do presidente."

Embora eu devesse estar esperando aquela notícia, fiquei chocado. Meus serviços haviam sido usados para mostrar ao conselho que a força de trabalho havia perdido a confiança no presidente. Na maioria das empresas, o fato de os funcionários terem pouca ou nenhuma confiança na alta gerência é considerado normal. Naquele caso, acarretou o afastamento do presidente.

O problema para os empregadores

Muitas empresas sofrem com a erosão da confiança. O fato de mais de a metade de todos os funcionários achar que a própria organização não é bem administrada não surpreende em vista dos seguintes fatos:

- Muitos funcionários vêm sendo demitidos
- Houve uma onda de informações reveladoras sobre improbidades administrativas em empresas até então respeitadas, tais como MCI Worldcom, Enron e Tyco
- Muitos funcionários viram suas valiosas opções sobre ações perderem todo o valor
- Os programas de previdência privada de várias empresas faliram

Os funcionários que não confiam na gerência desenvolvem uma visão pessimista do próprio emprego. Embora possam se orgulhar do próprio trabalho e gostar do relacionamento com os colegas, eles não conseguem manter o entusiasmo e a lealdade pela organização.

A psicologia da situação

Os funcionários concordam em abrir mão do seu tempo e de sua energia em troca de remuneração, benefícios, um ambiente de trabalho confortável fornecido pela gerência e um negócio viável. Quando acham que a gerência não está tomando boas decisões em nome da empresa, eles sentem que o contrato psicológico com o empregador foi violado. A partir daí, reconsideram sua vontade de dedicar tempo e esforço àquela organização.

SOLUÇÕES

1. Produza resultados.

Os funcionários querem, acima de tudo, saber que alguém está cuidando bem do negócio. Assim como os acionistas, eles desejam ver resultados tangíveis, uma prestação de contas honesta da condição financeira da organização e planos bem concebidos para o futuro.

2. Compartilhe a riqueza.

Os funcionários podem aceitar os vultosos salários da alta gerência se acharem que também estão compartilhando do sucesso e do crescimento da organização. Quando os negócios vão bem, é hora de instituir programas de participação nos lucros e de intensificar aumentos e bonificações.

3. Reconheça que você deve prestar contas aos funcionários.

Em muitas organizações, os gerentes esqueceram que devem prestar contas não só aos acionistas e aos clientes como também ao seu pessoal.

4. Seja sincero com sua equipe.

Os funcionários podem lidar com crises nos negócios. Também podem aguentar um ano sem bonificações nem aumentos. O que eles não toleram é a falta de sinceridade e a desonestidade por parte da gerência. Comunique sucessos e fracassos.

Conclusão

É importante que os funcionários acreditem que seus superiores são capazes de liderar com sucesso a organização. Eles ficam ressentidos quando a gerência não cumpre sua parte do trato. Confiarão mais nas decisões tomadas pela gerência se esta se comunicar abertamente com eles e tratá-los como parceiros.

12

*58% dos funcionários dizem que deveria haver
mais gente em seu departamento*

Temos falta de pessoal

Uma grande seguradora da Nova Inglaterra realizou uma pesquisa com os funcionários de uma empresa menor que acabara de adquirir em Maryland. Essa empresa de 200 funcionários tinha orgulho do seu longo histórico de serviços prestados ao mercado local. A maioria trabalhava lá havia muitos anos.

A pesquisa revelou que os funcionários acreditavam que seu empenho havia sido responsável pelo crescimento que a empresa apresentara nos anos anteriores, mas estavam preocupados porque julgavam ter carência de pessoal. Com base em estudos sobre o nível de mão de obra do setor, porém, a empresa tinha mais contratados do que a média. Aqueles profissionais haviam se acostumado a um volume de trabalho relativamente pequeno e ainda assim se sentiam assoberbados. O dilema da gerência era como enfrentar as preocupações dos funcionários sem aumentar os custos com a folha de pagamento.

O problema para os empregadores

Nossa pesquisa mostra que a maior parte dos funcionários acha que não há pessoal qualificado em quantidade suficiente para realizar o trabalho em seu departamento. Eis alguns motivos pelos quais eles se sentem assoberbados:

A equipe demora para se adaptar a mudanças tecnológicas

No caso daquela empresa em Maryland, os funcionários demoraram para se adequar à tecnologia introduzida pela compradora. Eles usavam antiquados procedimentos manuais e não tinham os conhecimentos de informática necessários para se adaptar aos novos sistemas. Por isso, achavam que faltava pessoal. A verdadeira carência não era de mais pessoal, mas de um treinamento melhor e de profissionais mais aptos a usar a nova tecnologia.

Mude ou morra

Para sobreviver, as organizações precisam se ajustar às necessidades em constante transformação dos clientes. Por exemplo, uma empresa de comércio eletrônico ajudava pequenas empresas a implementar um espaço de compras em seus sites. O seu modelo de negócios exigia que o processo de aquisição de novos clientes e prestação de serviços fosse 95% automatizado. No entanto a pesquisa de satisfação que realizamos revelou que os clientes queriam mais atenção pessoal em vez de mais documentação na tela ou páginas na internet com respostas para perguntas frequentes.

Os desejos dos clientes forçaram sua bem remunerada equipe de vendas a desempenhar um segundo papel como agentes de atendimento ao cliente. Como a única maneira de atrair e reter novos clientes era oferecendo demoradas orientações, a equipe de vendas começou a gastar cada vez mais tempo prestando auxílio aos usuários, em vez de procurar novos clientes. Resumindo, eles não tinham a equipe certa para aquele novo modelo de negócios.

A demanda muitas vezes muda mais rápido do que a oferta

A gerente administrativa de uma grande clínica era responsável por cinco funcionários que processavam as fichas médicas e a documentação exigida pelos planos de saúde.

Um dia, o principal sócio disse que a clínica ia contratar um novo médico. Um dos principais planos de saúde com os quais a clínica trabalhava também informou que estava mudando os procedimentos, o que exigiria que mais documentos fossem preenchidos para cada cliente. A gerente sabia que precisaria de mais pessoal, mas seriam necessários meses para contratar e treinar novos funcionários. Sua equipe já estava sobrecarregada.

Os cortes de pessoal vão longe demais

A queda na receita forçou uma empresa a reduzir em 10% o quadro de pessoal. Para serem justos, os diretores decidiram implementar uma estratégia global de demissões. Cada departamento deveria demitir uma pessoa. Não houve surpresa quando uma pesquisa com os funcionários remanescentes revelou que aquela estratégia havia criado uma sobrecarga de trabalho nos departamentos menores, que haviam perdido uma porcentagem maior dos seus integrantes.

Mudança nas habilidades exigidas

Uma empresa de serviços financeiros tinha muitos funcionários dedicados e com bastante tempo de casa. Para melhorar a eficiência, atualizou aos poucos os sistemas internos. Muitas funções antes realizadas manualmente foram automatizadas. Nossa pesquisa com os colaboradores revelou que, como consequência da mudança, a equipe técnica se sentia assoberbada e os funcionários antigos se sentiam subutilizados. O que eles precisavam era de mais programadores e de profissionais com conhecimentos em informática. As habilidades exigidas pela empresa haviam mudado.

A psicologia da situação

Os funcionários atingem gradualmente um nível de conforto em relação à quantidade de trabalho que devem realizar em troca da compensação que recebem. Tanto a redução da compensação quanto a solicitação de que trabalhem mais em troca da mesma remuneração pode abalar esse delicado equilíbrio. De acordo com a teoria da equidade, quando isso acontece, os funcionários se tornam infelizes e querem restabelecer o equilíbrio reduzindo a própria carga de trabalho ou recebendo um salário mais alto.

Não há regras no que diz respeito à quantidade de trabalho que uma pessoa precisa executar em troca de um determinado nível de remuneração. Embora as forças de mercado determinem esses níveis, os profissionais desenvolvem uma percepção inconsciente a respeito da quantidade apropriada de esforço que devem fazer. É como se tivessem uma balança interna que pesa a quantidade de trabalho realizada em relação à compensação recebida. Os empregadores devem estar cientes de que os funcionários são sensíveis a mudanças nesse equilíbrio.

SOLUÇÕES

É pouco provável que o fluxo de trabalho permaneça constante ao longo do ano ou de um ano para outro. No entanto é isso o que os funcionários esperam. Eis algumas sugestões para enfrentar esse problema:

1. Estabeleça expectativas realistas.

Deixe claro ao contratar alguém, e depois, de tempos em tempos, que o volume de trabalho dependerá das necessidades da empresa e dos clientes. Explique aos membros da equipe que eles provavelmente ficarão mais ocupados em certas épocas do ano do que em outras.

2. Pergunte aos funcionários sobre o volume de trabalho.
Os funcionários muitas vezes são a melhor fonte de informações preliminares acerca da necessidade de uma equipe maior ou de pessoal mais qualificado. Peça a opinião deles em entrevistas e pesquisas confidenciais. Tenha em mente, é claro, que o desejo de ter mais pessoal pode refletir o interesse próprio e não uma necessidade real.

3. Realize periodicamente auditorias de pessoal.
Os níveis de pessoal nem sempre correspondem às necessidades de uma empresa em mutação. Uma auditoria sistemática do volume de trabalho a ser realizado e das habilidades necessárias é capaz de identificar desajustes. Um observador externo objetivo está mais apto a realizar essa análise.

4. Treine novamente a equipe.
Muitas organizações falam em retreinar a equipe, mas poucas de fato o fazem. Depois que uma auditoria identifica as habilidades que estão lhe fazendo falta, o treinamento quase sempre é suficiente para preencher as lacunas.

5. Use funcionários substitutos.
As empresas deveriam manter um quadro de trabalhadores substitutos capazes de cobrir licenças médicas ou férias de colegas. Esses substitutos também poderão ajudar quando houver necessidade de mais pessoal para lidar com aumentos ocasionais no volume de trabalho de certos departamentos.

Conclusão

Os funcionários ficam chateados com a gerência quando se sentem sobrecarregados ou quando acham que está faltando pessoal em seu departamento. Reais ou imaginárias, essas queixas a respeito do volume de trabalho muitas vezes são inevitáveis. Mas existem medidas que os empregadores podem adotar para administrar melhor essas preocupações. Evitar o problema não é uma delas. Estabeleça expectativas realistas a respeito do volume de trabalho, realize auditorias de pessoal de tempos em tempos, considere novos treinamentos para a equipe, use substitutos e pergunte aos funcionários o que eles acham do próprio volume de trabalho. E, sobretudo, certifique-se de que a falta de pessoal não está prejudicando a satisfação dos clientes.

13

47% dos funcionários dizem que não recebem as informações necessárias para fazer bem o próprio trabalho

Eles não me informam o que preciso saber para realizar meu trabalho

Uma firma do setor farmacêutico, divisão de uma empresa da lista da *Fortune 100*, recebia ordens diretamente da matriz. Os pesquisadores estavam trabalhando em diversos medicamentos experimentais. A função deles era realizar testes com animais e avançar pelos vários procedimentos da FDA (Food and Drug Administration, agência americana que regula alimentos e medicamentos) para obter aprovações.

Cada experimento exigia meses de preparação minuciosa e, depois, outros tantos de pesquisa rigorosa. O problema era que a matriz não parava de mudar de ideia a respeito de quais medicamentos seriam testados e de como os testes deveriam ser conduzidos. Isso deixava os pesquisadores bastante frustrados. Eles estavam sempre começando, parando e recomeçando os procedimentos. Nossa pesquisa revelou que mais de dois terços dos funcionários achavam que não recebiam as informações necessárias para realizar o próprio trabalho.

Em outra situação, uma grande companhia de gás, que havia crescido ao longo dos anos e tinha escritórios por toda a região da Nova Inglaterra, enfrentou problemas com os sistemas internos de informação, que eram antiquados e inadequados para as grandes dimensões da empresa. Os técnicos recebiam ordens de serviço incompletas ou incorretas com vários dias de atraso. Os funcionários viviam frustrados com o péssimo fluxo de dados da companhia. Por exemplo, o departamento de marketing enviou a milhões de clientes uma mala direta sobre os novos serviços oferecidos e só foi informado de que aqueles serviços ainda não estavam disponíveis quando já era tarde demais. Nossa pesquisa com os funcionários revelou que 70% achavam que não tinham acesso às informações necessárias para fazer bem o próprio trabalho.

O problema para os empregadores

Quando acham que não estão recebendo as informações necessárias para fazer bem o próprio trabalho, os colaboradores ficam frustrados e a qualidade dos produtos e serviços da empresa é prejudicada. A seguir estão algumas perguntas fundamentais dos funcionários que muitas vezes não são respondidas:

- *Para a gerência*: Que mudanças organizacionais e de mercado em curso afetarão nossos empregos? Quais são as prioridades?
- *Para os supervisores*: O que exatamente você quer que eu faça? Qual é meu orçamento? Quando você quer que o trabalho esteja pronto? Como estou me saindo? O que deveria estar fazendo de outra maneira?
- *Para os colegas*: Quando o trabalho que preciso que vocês façam estará pronto? O que esperam de mim?
- *Para os clientes*: Você está satisfeito com os produtos e serviços que fornecemos? O que gostaria que mudássemos?

A psicologia da situação

Existem vários motivos para essas informações não serem divulgadas:

1. *Sigilo desnecessário.* A gerência muitas vezes parte do princípio equivocado de que, retendo informações, poderá manter seu poder e sua influência sobre os funcionários.
2. *Supervisão ineficaz.* Embora a comunicação seja a habilidade mais essencial a um supervisor, muitos deles entram para a gerência por causa de seu conhecimento técnico, e não de suas habilidades interpessoais.
3. *A comunicação não foi incorporada ao sistema de fluxo de trabalho.* As empresas geralmente se saem melhor quando planejam o fluxo de materiais e de produtos do que quando planejam o fluxo de informações. Dados cruciais muitas vezes se perdem no caminho.
4. *Falta de espírito de cooperação.* Sem um forte espírito de cooperação, os funcionários ficam mais propensos a reter do que a compartilhar dados importantes.
5. *Informações simplesmente indisponíveis.* Os funcionários muitas vezes presumem erroneamente que as informações estão disponíveis, mas que são sonegadas a eles de propósito.

SOLUÇÕES

1. **Analise quais informações são necessárias.**

Para cada função na organização deve ser conduzida uma análise sistemática a fim de identificar quais informações são primordiais, quando devem estar disponíveis e quem irá fornecê-las. Os resultados dessa análise precisam ser totalmente integrados aos procedimentos diários da empresa.

2. Elimine o sigilo.
Estimule um clima de franqueza. Sem uma lógica que leve em conta aspectos éticos, jurídicos ou de privacidade, o sigilo dentro de uma organização é contraproducente e deve ser eliminado.

3. Forneça informações sobre a satisfação dos clientes.
Pesquisas de satisfação dos clientes devem ser realizadas regularmente. As informações obtidas a partir desses estudos precisam ser comunicadas a todos os funcionários, sobretudo aos que têm contato direto com os clientes.

4. Realize o exercício de JFK.
Durante seu discurso de posse, John F. Kennedy disse: "Não pergunte o que seu país pode fazer por você, mas o que você pode fazer pelo seu país." Da mesma maneira, os funcionários não deveriam desenvolver uma lista de informações que precisam receber das outras pessoas na organização e, sim, uma lista de informações que eles podem fornecer aos outros. Se todos seguirem essa lógica, haverá um fluxo intenso de comunicação por toda a empresa.

5. Concentre-se nas habilidades de comunicação dos supervisores.
A capacidade de transmitir de maneira eficaz as informações apropriadas aos outros é uma habilidade de supervisão extremamente importante. Deveria ser um dos fatores primordiais na contratação e promoção de supervisores.

Conclusão

Os funcionários ficam ressentidos com a gerência e são menos produtivos quando não recebem as informações de que precisam para executar seu trabalho. As empresas precisam implementar medidas proativas para garantir que os colaboradores recebam essas informações, entre elas realizar uma pesquisa sobre as necessidades de informação, eliminar o sigilo, fornecer dados sobre a satisfação dos clientes, estimular cada indivíduo a se comunicar melhor com as outras pessoas na organização, bem como contratar e promover os supervisores com base em suas habilidades de comunicação.

14

51% dos funcionários dizem que necessitam de mais preparo para fazer bem o próprio trabalho

Precisamos de mais treinamento

Durante o boom das empresas pontocom no final da década de 1990, eu estava prestando consultoria para uma firma de serviços de internet com 140 funcionários. A empresa, financiada por capital de risco, pôde contratar programadores de primeiro nível oferecendo opções sobre ações, um bom escritório, um salário generoso e um ótimo pacote de benefícios.

No entanto muitos dos programadores se queixavam de que não estavam recebendo o treinamento necessário para executarem o trabalho. A tecnologia mudava rapidamente e eles não tinham a oportunidade de participar de programas de aperfeiçoamento nem de realizar atividades de desenvolvimento profissional. Aqueles programadores acreditavam que a chave para o sucesso dentro da empresa e na carreira em geral era se manter atualizado em relação às mais recentes linguagens de programação. Eles sabiam que um programador desatualizado não tinha valor no mercado e estava fadado à estagnação profissional.

No entanto a empresa estava lutando para sobreviver e precisava que todos os programadores estivessem 100% ativos. A gerência achava que não poderia arcar com o custo de enviar funcionários para programas de treinamento. Os profissionais, por sua vez, foram ficando cada vez mais descontentes com a falta de investimento nessa área.

O problema para os empregadores

As empresas gastam uma enorme fatia de seus orçamentos operacionais com a remuneração dos funcionários. Em troca, esperam que eles forneçam aos clientes produtos e serviços excelentes. Entretanto, metade de todos os colaboradores diz que não recebe o treinamento necessário para realizar bem o próprio trabalho sobretudo porque:

- Muitas organizações consideram o treinamento uma bonificação, e não um investimento essencial
- A alta gerência não acredita na eficácia dos programas de treinamento
- Os profissionais que oferecem treinamento não demonstram à alta gerência que investir no aprimoramento dos funcionários gera resultados reais

Eis por que os empregadores precisam que os funcionários continuem a desenvolver suas habilidades:

1. *Aumento dos ativos.* As empresas gastam milhões de dólares para modernizar instalações e equipamentos, mas investem muito pouco no aperfeiçoamento de seu ativo mais importante: o capital humano. Além disso, se os trabalhadores não recebem treinamento contínuo, o equipamento mais moderno não será usado com plena capacidade.

2. *Elevação do moral.* Os funcionários que atualizam suas habilidades profissionais aumentam a própria produtividade.

3. *Capacidade de adaptação às mudanças.* Quanto mais capacitada a mão de obra, mais fácil será para toda a empresa se adaptar às mudanças na demanda por seus produtos e serviços.

A psicologia da situação

Por causa de vários motivos psicológicos e práticos, os funcionários querem continuar a aprender e a crescer. A teoria de Abraham Maslow a respeito do que ele chamou de "hierarquia de necessidades" sugere que todos os trabalhadores são motivados a desenvolver suas capacidades ao máximo.[13] Para isso, é necessário que eles desenvolvam continuamente suas habilidades e seu conhecimento.

Segundo a "teoria dos dois fatores para a motivação no trabalho", originalmente desenvolvida pro Frederick Herzberg e seus colegas em 1957, todos os fatores de trabalho podem ser classificados em duas categorias com base em sua contribuição primária para a satisfação ou a insatisfação no trabalho.[14] A teoria sugere que os funcionários se sentem mais satisfeitos no trabalho quando são desafiados e têm oportunidades de crescimento.

De acordo com a teoria dos sistemas, todos os profissionais devem administrar a própria carreira de forma proativa num sistema sempre em evolução. Assim como na natureza, o princípio darwinista de "sobrevivência do mais apto" se aplica aqui também. Os funcionários precisam aprender e atualizar seus conhecimentos, habilidades e capacidades continuamente a fim de sobreviver em uma economia turbulenta e em rápida mutação.

SOLUÇÕES

1. **Deixe clara a importância da aprendizagem.**
A gerência deve comunicar à equipe que a empresa é um centro de aprendizagem. A disponibilização de recursos e o incentivo à

atualização contínua de suas habilidades ajudarão a atrair e a reter uma mão de obra dedicada.

2. Invista.

Estabeleça um fundo de desenvolvimento de pessoal que destina a cada funcionário um valor anual predeterminado (por exemplo, 250 dólares) que pode ser usado em qualquer atividade de aperfeiçoamento relacionada ao trabalho, como reuniões profissionais, livros e vídeos. Forneça também o reembolso de cursos para permitir que os colaboradores aprimorem suas habilidades dentro de suas áreas de atuação.

3. Estimule visitas aos clientes.

Encontros cara a cara ajudarão os funcionários a entender melhor as necessidades dos clientes.

4. Institua um programa de rodízio de funções.

Desenvolva um sistema no qual os profissionais passem por várias funções. Isso ajudará a aprimorar suas habilidades e fará com que eles entendam melhor as relações entre as diferentes atividades dentro da empresa.

5. Implemente um programa de observação.

Um programa no qual os funcionários têm a oportunidade de observar de perto os colegas permitirá que eles entendam e valorizem as outras funções dentro da organização.

6. Disponibilize um centro de recursos.

Crie um "centro do saber" e abasteça-o com livros relacionados ao trabalho, manuais técnicos, revistas ligadas à área de atuação da empresa e vídeos de treinamento. Permita que seu pessoal visite o centro durante o expediente.

7. **Examine sistematicamente as necessidades de treinamento.** As habilidades profissionais essenciais para o sucesso estão sempre em evolução por causa das mudanças na tecnologia e nas necessidades dos clientes. Realizar "avaliações de necessidades de treinamento" ajudará o empregador a identificar lacunas nas habilidades dos funcionários. Com isso, a empresa poderá se concentrar no tipo de capacitação mais necessário.

8. **Avalie os programas de treinamento.** Infelizmente, apenas uma porcentagem muito pequena dos programas de capacitação é avaliada. Para que isso seja feito é necessário:

- Identificar os objetivos do programa
- Estabelecer uma medida de referência antes do treinamento
- Comparar a situação antes e depois.

Por exemplo, se o seu objetivo é aumentar a satisfação dos clientes melhorando a qualidade do atendimento telefônico prestado por sua equipe, só ficará claro se o esforço foi bem-sucedido se for feita uma comparação dos resultados de satisfação do cliente antes e depois do treinamento. Sem pesquisas desse tipo, a alta gerência muitas vezes acha que está simplesmente jogando dinheiro fora. Um estudo de avaliação apresenta provas em um sentido ou em outro.

Percebi a importância da avaliação dos programas de capacitação enquanto prestava consultoria a uma financeira. A empresa gastava milhões de dólares desenvolvendo material informativo para reuniões nas quais os especialistas financeiros ensinavam aos funcionários de outras empresas como poupar usando o plano de aposentadoria que eles administravam. O objetivo do workshop era dar informações para estimular as pessoas a se inscrever nos planos. A empresa precisava saber se os funcionários estavam aprendendo alguma coisa e se as reuniões aumentavam a probabilidade de eles transferirem suas economias para o programa. Ao pedir que o público-alvo respondesse antes e depois das reuniões a perguntas sobre o que sabia a respeito de conceitos financeiros como juros compostos e cálculos de impostos, a empresa poderia aperfeiçoar a utilidade das reuniões.

9. Invista em treinamento durante períodos de crise.

Os gerentes deveriam mudar de mentalidade, deixando de considerar o treinamento uma despesa e encarando-o como um importante investimento. Os gastos com aperfeiçoamento profissional são muitas vezes os primeiros a ser cortados em tempos de dificuldade econômica, mas, na verdade, faz mais sentido se concentrar em programas de aprendizagem durante um período de baixa lucratividade. Quando os negócios estão devagar, os funcionários têm mais tempo para participar de sessões de capacitação.

10. Estimule os funcionários a serem sinceros a respeito de suas necessidades.

Os funcionários tendem a dizer que não necessitam de treinamento mesmo quando sabem que precisam. Eles devem assumir a responsabilidade de dizer ao supervisor: "Preciso de treinamento pelo seguinte motivo:..."

11. Use outros métodos além de aulas expositivas.

As aulas expositivas muitas vezes não são a melhor maneira de ensinar habilidades profissionais. Instruções práticas, treinamento via internet e programas de áudio e vídeo são algumas das várias técnicas que permitem que os indivíduos avancem no seu próprio ritmo e aprendam com mais eficácia do que em uma sala de aula.

12. **Certifique-se de que os supervisores apoiem a transferência de treinamento.** Muitas vezes, os supervisores desestimulam e até punem os funcionários que usam as habilidades desenvolvidas em programas de treinamento. Nesse caso, não é de surpreender que o novo conhecimento não seja posto em prática. Os supervisores devem permanecer abertos à ideia de que seus subordinados podem mudar e crescer.

Conclusão

Os funcionários querem fazer bem o próprio trabalho e ter certeza de que possuem as habilidades requisitadas pelo mercado. Ficam aborrecidos porque a gerência não fornece o treinamento de que necessitam. Os empregadores precisam ver os programas de capacitação como um investimento, e não como uma despesa.

15

36% dos funcionários reprovam a qualidade dos produtos e serviços da sua organização

A qualidade de nossos produtos e serviços é péssima

Os funcionários de um fabricante de conexões para grandes dutos de água se queixaram comigo: "Temos uma cota diária de produção, mas, às vezes, a matéria-prima que recebemos tem defeitos e, em outras ocasiões, nossas máquinas quebram. Quando isso acontece, a única maneira de bater a meta é fabricar produtos de qualidade inferior. Se reclamamos com a gerência, porém, eles nos dizem para ficar de boca calada e expedir os produtos de qualquer maneira."

Em outra empresa, um laboratório de ideias que produz relatórios de pesquisas para o setor de telecomunicações e cobra milhares de dólares por uma assinatura anual, os funcionários se mostravam apreensivos porque os relatórios não eram tão atuais nem tão úteis quanto costumavam ser. Estavam preocupados achando que alguns clientes poderiam perceber essa defasagem e cancelar a assinatura.

Os operários de uma indústria de produtos adesivos reclamavam que, por conta de problemas de qualidade, estavam recebendo dos clientes um número excessivo de devoluções.

O processamento das devoluções era muito demorado e isso deixava os clientes ainda mais irritados. Eles acusavam a empresa de sacrificar a qualidade para economizar dinheiro.

Esses são três exemplos de funcionários demonstrando uma preocupação coerente em relação à qualidade dos produtos e serviços fornecidos aos clientes por suas empresas. Na década de 1980, quando as iniciativas de aperfeiçoamento contínuo da qualidade estavam a todo vapor e W. Edwards Deming era o guru de gestão do momento, os resultados de muitas pesquisas com trabalhadores revelaram um dado surpreendente: a nota deles para a qualidade dos produtos e serviços produzidos por suas próprias organizações estava caindo em vez de subir. Isso acontecia sobretudo naquelas que haviam dedicado muito tempo e atenção ao aprimoramento da qualidade. Como isso podia estar acontecendo?

A explicação era que os funcionários haviam se tornado altamente críticos. Depois de frequentar aulas sobre melhoria da qualidade, aprender sobre o Six Sigma (processo de qualidade criado pela Motorola) e participar de equipes de aprimoramento da qualidade, eles viam por toda parte oportunidades para melhorar os produtos. Embora a qualidade estivesse de fato melhorando, os colaboradores haviam se tornado muito mais conscientes.

Apesar de a qualidade ter se tornado um objetivo fundamental na maioria das empresas, muitos funcionários se tornaram críticos *demais* em relação às suas organizações. No afã de melhorar a qualidade e atingir a perfeição, alguns deles passaram a se concentrar tanto na identificação e na resolução de problemas, que perderam de vista o fato de a maioria dos clientes estar satisfeita. Isso acontece muitas vezes porque eles têm pouco contato direto com os consumidores e, portanto, desconhecem suas verdadeiras opiniões.

O problema para os empregadores

É desnecessário dizer que as organizações não sobreviverão muito tempo se os clientes estiverem constantemente insatisfeitos com seus produtos e serviços. Também terão problemas com os funcionários, que, para se manterem motivados, precisam acreditar que a gerência tem um compromisso com a qualidade. Eles pensam o seguinte: "Se a gerência não se importa, por que eu devo me importar?"

As consequências dessa postura serão a queda da qualidade, um péssimo serviço de atendimento ao cliente e cada vez mais negócios perdidos.

A psicologia da situação

A teoria da dissonância cognitiva de Leon Festinger sugere que os indivíduos ficam frustrados e se sentem incomodados quando há incoerências entre sua postura e seu comportamento. Quando acham que a realização de um trabalho de alta qualidade é importante, mas sabem que seu próprio trabalho não se encontra nesse nível, eles vivenciam a dissonância cognitiva. Segundo essa teoria, as pessoas serão motivadas a reduzir a dissonância mudando de comportamento (por exemplo, melhorando a qualidade do próprio trabalho ou pedindo demissão) ou mudando de postura (por exemplo, passando a achar que a qualidade do trabalho não importa ou que a qualidade do seu próprio trabalho não é tão ruim assim).[15]

Os funcionários querem se orgulhar da qualidade do próprio trabalho e do trabalho da empresa da qual fazem parte. Querem manter a cabeça erguida ao falar com outras pessoas sobre sua vida profissional. Embora talvez não achem que seu trabalho esteja salvando o mundo, querem pelo menos acreditar que fazem parte de uma organização na qual todos se esforçam para fazer o melhor possível para os clientes. Quando os funcionários sentem que a qualidade dos produtos e serviços fornecidos é baixa, o orgulho corporativo, aquela fina camada de cola que mantém muitas organizações unidas, começa a perder sua força.

SOLUÇÕES

PREOCUPAÇÕES LEGÍTIMAS

Quando as preocupações dos funcionários a respeito da qualidade são legítimas, é essencial que a gerência reaja de forma apropriada. As diretrizes a seguir apontam o caminho:

1. Investigue o problema.

Os funcionários precisam saber que a gerência tomará providências imediatas para investigar e responder suas preocupações em relação à qualidade.

2. Comunique e demonstre um compromisso com a qualidade.

A gerência precisa frisar constantemente para os funcionários a importância de fornecer aos clientes produtos e serviços de alto nível. Esse mantra deve ser repetido com frequência.

3. Admita que há um problema.

Diga a verdade. Não negue a existência de problemas na qualidade. Em geral, os funcionários são os primeiros a saber. A sinceridade é a melhor política. Agradeça aos colaboradores pela preocupação demonstrada e reconheça quando a gerência tomar decisões equivocadas, comprar matéria-prima ruim ou estabelecer procedimentos ineficazes.

PREOCUPAÇÕES INFUNDADAS

Às vezes, é claro, a percepção dos funcionários a respeito da qualidade não é acurada. Os gerentes normalmente ficam perplexos quando descobrem que 50% ou mais de seus funcionários consideram ruim a qualidade de seus produtos ou serviços, embora os dados demonstrem com clareza um alto nível de repetição nos negócios, baixa rotatividade de clientes e altos índices de satisfação de consumidores e usuários. Eis cinco abordagens possíveis para tratar dessa questão:

1. Forneça aos funcionários dados sobre a satisfação dos clientes.

Nossas pesquisas mostram que 60% dos funcionários acham que não recebem as informações necessárias sobre a satisfação dos clientes para realizar bem o próprio trabalho. As pesquisas de satisfação devem ser realizadas regularmente e os resultados devem ser transmitidos para os funcionários. Compartilhe também os elogios recebidos e os novos pedidos, bem como informações sobre devoluções, erros e reclamações.

2. Identifique o que é importante para os clientes.

Os funcionários muitas vezes concentram as energias em melhorar o que é mais importante para eles, em vez de se concentrar no que é mais importante para os clientes. Compartilhar os resultados de pesquisas que identificam a prioridade na opinião dos clientes pode ajudar os profissionais a direcionar corretamente seus esforços.

3. Monitore tendências de satisfação dos clientes.

É importante que você e seus funcionários saibam se a satisfação dos clientes está aumentando, permanece constante ou está caindo. Essa informação ajudará a determinar se o compromisso da organização com a qualidade está funcionando.

4. Estimule a inteligência competitiva.

Seria esclarecedor para os funcionários saber qual é a opinião dos clientes a respeito dos produtos e serviços da empresa em comparação aos que são oferecidos pela concorrência. Essas informações podem ser reunidas por meio de pesquisas de satisfação junto aos clientes, pesquisas de mercado e entrevistas com ex--clientes de empresas concorrentes.

5. Apresente um quadro equilibrado.
É necessário tomar cuidado para não abrandar ou distorcer os dados sobre a satisfação dos clientes. Armados de informações precisas e completas, você e seus funcionários poderão avaliar adequadamente as medidas a serem tomadas.

Conclusão

Os funcionários culpam a gerência quando sentem que a organização não está oferecendo produtos e serviços de qualidade. Como primeiro passo, você deve determinar se realmente existem problemas de qualidade ou se é apenas uma questão de percepção. Se houver problemas, dê à sua equipe o apoio necessário para que sejam feitas melhorias. Além disso, ouça o que os clientes têm a dizer sobre qualidade e compartilhe essas informações com os funcionários.

16

Apenas 46% dos funcionários acham que há uma boa cooperação entre os setores da empresa

Recebo um serviço ruim dos outros departamentos

Durante uma série de grupos de discussão em uma financeira da região da Nova Inglaterra, os funcionários se queixaram do serviço ruim que recebiam de outros departamentos. Todos estavam fazendo acusações. Uma pesquisa interna de satisfação identificou os departamentos que realmente eram culpados.

O questionário continha duas partes. Na primeira, todos os funcionários tinham de dizer o que achavam do atendimento que estavam *recebendo* dos outros 50 departamentos da organização. Na segunda seção, eles deveriam classificar o nível do serviço que achavam estar *fornecendo* a cada um dos outros departamentos.

Com isso, descobrimos que, em todos os departamentos, os serviços internos prestados eram considerados melhores do que os recebidos.

O problema para os empregadores

É possível esperar que seja fornecido um serviço excelente para os clientes externos quando os funcionários não acreditam que estão recebendo um bom serviço dos outros departamentos dentro da própria empresa? Por exemplo, se os departamentos de vendas e de produção não cooperam entre si, os clientes não receberão o que lhes foi prometido. Da mesma maneira, se o departamento de TI não coopera com os outros, o atendimento ao cliente não será ágil.

As organizações gastam muito tempo tentando aumentar a satisfação dos clientes externos e muito pouco com a melhoria da satisfação dos clientes internos. Embora geralmente não faça ideia de como está contribuindo para o problema, a maioria dos funcionários reclama que:

- Os outros departamentos não fornecem o que eles precisam no tempo oportuno
- Os outros departamentos não entendem o que eles fazem
- Eles não são tratados com respeito e dignidade pelos colegas
- Os outros funcionários muitas vezes são mal-humorados e desagradáveis

A psicologia da situação

Nossa pesquisa mostrou que, embora costumem demonstrar muita consideração pela própria equipe, os profissionais geralmente consideram os colegas de outros departamentos preguiçosos, ineficazes e pouco solícitos.

Uma explicação para isso é o fenômeno do "etnocentrismo", a crença de que seu próprio grupo é superior aos outros. Certa ou errada, essa predisposição humana natural interfere na eficácia do trabalho em equipe.

Outro fenômeno que explica por que os grupos de trabalho não cooperam bem entre si é a "estereotipagem". Por exemplo, os funcionários de vendas muitas vezes estereotipam os colegas da produção como pessoas que só estão fazendo hora, sem se importar muito com o cliente. Quando um problema de produção ocorre, a equipe de vendas logo acusa de incompetência o pessoal do outro setor, sem realmente entender a situação. Da mesma maneira, os funcionários da produção estereotipam os colegas de vendas como egocêntricos que só estão interessados nas próprias bonificações, com pouco conhecimento sobre como os produtos são feitos.

Os funcionários criam estereótipos dos outros grupos de trabalho por causa, em parte, do fenômeno de comportamento interpessoal explicado pela teoria da atribuição. Os psicólogos sociais Edward Jones e Richard Nisbett demonstraram que existe uma diferença fundamental na maneira como as pessoas veem o próprio comportamento e o comportamento alheio. Os indivíduos costumam achar que seu próprio comportamento é causado pela *situação*, ao passo que o comportamento alheio é causado pela *disposição* daquelas pessoas.[16]

Por exemplo, ao saber que um colega de escola foi reprovado numa matéria, você estaria predisposto a achar aquela pessoa pouco inteligente. Mas o estudante que foi reprovado no teste provavelmente atribuiria a nota ruim ao fato de não ter estudado bastante, de ter passado mal na noite anterior à prova, de não se importar muito com o exame ou de a prova ter sido mal formulada.

No local de trabalho, os funcionários da produção acham que os problemas de fabricação são causados pela baixa qualidade da matéria-prima recebida, pela manutenção deficiente do equipamento ou pela pressão da gerência para fabricar a maior quantidade possível de produtos a cada dia, a despeito da qualidade. Eles dificilmente achariam que os problemas são causados por sua própria ineficácia ou por sua falta de consideração com os clientes. Seguindo esse raciocínio, os funcionários de vendas talvez se vejam inclinados a fazer um julgamento relacionado à disposição, jogando a culpa pelo problema na preguiça ou na atitude desleixada dos funcionários do departamento de produção.

Essa tendência a atribuir o comportamento alheio a uma característica negativa de personalidade ou de postura é contraproducente. Seria muito melhor para todas as partes envolvidas se, por exemplo, o pessoal de vendas realmente entendesse a situação dos funcionários da produção e vice-versa. Assim, cada grupo estaria mais disposto a tentar desenvolver soluções para o problema em vez de apenas balançar a cabeça e chamar os colegas de incompetentes.

SOLUÇÕES

1. **Dê aos funcionários a chance de fazer estágios dentro da empresa.**

Muitos profissionais não têm a menor ideia do que os colegas de outros departamentos fazem. Embora estejam sempre prontos para julgar o desempenho alheio, eles não entendem como os outros trabalham, quais são seus procedimentos e que pressões sofrem. Se os funcionários pudessem realizar estágios de alguns dias em outros departamentos, entenderiam melhor o trabalho dos demais e passariam a ver os colegas como pessoas de verdade, e não apenas como adversários incompetentes.

2. **Reverta o clima de acusação.**

Em vez de culpar os outros, os funcionários precisam aprender a examinar de forma crítica como suas próprias ações estão contribuindo para os problemas.

É como aquela velha história sobre a diferença entre o céu e o inferno. Um homem visita o inferno e vê um grupo de pessoas frustradas sentadas em torno de uma grande mesa de jantar. Elas estão tentando comer, mas lutam para se alimentar porque seus garfos têm 2 metros de comprimento. Depois, o homem visita o céu, onde as pessoas em torno de uma mesa grande também estão tentando comer usando garfos gigantes, mas, para elas, aquilo não é problema algum, pois estão usando aqueles garfos compridos para alimentar a pessoa sentada do outro lado da mesa.

3. Realize uma pesquisa interna de satisfação.

A pesquisa deve perguntar aos funcionários o que acham da presteza, do profissionalismo e da qualidade dos serviços que estão recebendo dos outros departamentos. Também deve incluir perguntas sobre o que eles acham da qualidade dos serviços que estão fornecendo aos outros. Garanto que os resultados serão muito esclarecedores, pois serão identificadas áreas específicas da empresa nas quais o serviço ao colega precisa ser melhorado.

4. Peça a opinião dos funcionários.

Reúna-se com cada departamento separadamente e promova uma sessão de brainstorming com o objetivo de desenvolver ideias a respeito do que pode ser feito para melhorar o serviço prestado aos outros departamentos.

5. Identifique as melhores práticas.

Alguns funcionários e departamentos conseguem satisfazer mais os colegas do que outros. Identifique os bons comportamentos e estimule os outros colaboradores a copiá-los.

Conclusão

Os funcionários muitas vezes se sentem infelizes com a falta de cooperação dos outros departamentos. Culpam a gerência por criar essa situação difícil. As causas subjacentes são etnocentrismo, estereotipagem e atribuições relativas à disposição. A cooperação interna pode ser melhorada com a instituição de um rodízio de tarefas, a eliminação do clima de acusação e a realização de pesquisas internas de satisfação. Os departamentos devem se concentrar no que podem fazer para melhorar a cooperação, identificando e copiando as melhores práticas dentro da organização.

17

53% dos funcionários acham que há excesso de burocracia na sua organização

Há burocracia demais nesta empresa

Enquanto eu tentava ajudar uma pequena fabricante de alimentos a melhorar a eficiência, observei uma das operadoras de máquinas anotando números a cada 15 minutos em um caderno. Quando perguntei por que estava fazendo aquilo, ela disse que não sabia, mas que, muitos anos antes, seu chefe, que não estava mais na empresa, havia pedido que ela mantivesse aquele registro. Perguntei se alguém examinava aquele caderno e ela respondeu: "Que eu saiba, não."

Muitos procedimentos burocráticos são perpetuados sem motivo. Eles consomem o tempo e a energia dos funcionários. Algumas empresas parecem ter uma forma, um procedimento e uma regra para tudo. Não é possível nem assoar o nariz sem preencher uma requisição ou obter uma autorização de antemão.

Como consultor externo, muitas vezes me deparo com a burocracia quando entrego minhas propostas ou faturas. Ela me oferece uma boa noção de como é a vida das pessoas que trabalham nesses lugares.

Costumo prestar consultoria para uma grande indústria de produtos de metal. Essa empresa está no mercado há muitos anos e desenvolveu uma burocracia que não deixa nada a desejar aos órgãos públicos. Quando apresentei uma proposta de trabalho para eles, o departamento jurídico me mandou um documento de 30 páginas totalmente escrito em "juridiquês". Quando liguei para o RH pedindo uma explicação, eles disseram: "Nós também não entendemos. Apenas assine."

Como todo consultor sabe, às vezes a burocracia dificulta muito o pagamento. Um dos meus clientes tem um processo de aprovação em 25 etapas para todas as faturas. Certa vez, dirigi 45 minutos para ir até um escritório com cerca de 200 pessoas cuja única tarefa era processar as faturas. Por sorte, encontrei a pessoa certa e fiquei diante da sua mesa até ela me entregar o cheque.

Ao contrário do que se pode pensar, a burocracia não é exclusividade das grandes organizações. Há alguns anos, prestei consultoria para uma pequena faculdade de ciências humanas. A maior parte dos professores trabalhava lá havia muito tempo e tinha estabilidade. Era um ambiente muito político. O corpo docente não confiava na administração e vice-versa. A organização estava paralisada. Ninguém conseguia tomar uma decisão sobre coisa alguma. As comissões do corpo docente faziam recomendações para a contratação de uma nova secretária, mas a recomendação tinha de ser apresentada aos diretores de departamento para que fosse aprovada antes de passar pelos vice-reitores. Os sub-reitores tinham de apresentá-la ao reitor, que, por sua vez, precisava consultar o conselho diretor. O processo, até mesmo para uma decisão muito simples, podia levar anos.

O problema para os empregadores

Muitas vezes os funcionários acham difícil demais conseguir que suas solicitações sejam atendidas. Até mesmo atividades simples como encomendar suprimentos ou requerer o conserto de um computador se tornam extraordinariamente complexas.

Há formulários demais a preencher, aprovações a obter ou reuniões demais a organizar para que se chegue a um consenso. O resultado: aborrecimento, frustração e paralisia. Muitas vezes, os funcionários abandonam indignados seus objetivos e desistem. O que cria tanta burocracia e como ela se multiplica? Aqui estão cinco explicações para isso:

1. *Criação de novos sistemas à medida que as empresas aumentam de tamanho.* Quando pequenas organizações crescem, novos sistemas, diretrizes e procedimentos são introduzidos para regulá-las e discipliná-las. Essas medidas bem-intencionadas deveriam ajudar a organização a operar com mais eficácia.

2. *Obediência a regras.* Em organizações altamente reguladas, como seguradoras ou bancos, normas e procedimentos internos são desenvolvidos para que novas regras e leis sejam obedecidas.

3. *Desejo de coerência interna.* As empresas acham que é importante manter a coerência, por exemplo, no modo como o dinheiro é gasto, na forma como as pessoas são contratadas, no horário de trabalho, no nível de remuneração e no código de vestimenta dos funcionários.

4. *Luta pelo poder.* A burocracia também se desenvolve nas organizações porque a alta gerência quer manter o máximo de poder que puder. Os gerentes sênior partem do princípio equivocado de que, quanto mais centralizado o poder, mais eficiente e produtiva será a organização. Mas raramente é isso o que acontece. As organizações mais poderosas são aquelas nas quais os funcionários compartilham o poder e não são sobrecarregados pela burocracia. Quando centenas ou milhares de pessoas têm poder, a energia resultante na organização é muito maior do que quando apenas algumas pessoas no topo detêm o controle total.

5. *Falta de confiança.* Muitas organizações não deixam que os funcionários tomem decisões e acham que eles não são ca-

pazes de agir com inteligência. Por essa razão, impõem regras e processos de aprovação para ter certeza de que eles estão sendo adequadamente controlados e de que a empresa está operando com eficiência.

Esses procedimentos burocráticos oprimem, reduzem a eficiência, estimulam a violação das regras e fomentam um ambiente no qual os colaboradores se sentem impotentes para realizar qualquer coisa. A burocracia atola a organização em seus próprios procedimentos internos, desviando o foco de objetivos fundamentais como a satisfação dos clientes e a rentabilidade.

A psicologia da situação

A burocracia pode ser definida como "rotina ou procedimento oficial caracterizado por complexidade excessiva que acarreta atraso ou inação".

Quando seguem rotinas, procedimentos e diretrizes oficiais sem pensar, os funcionários normalmente se sentem impotentes e ficam paralisados. Tornam-se relutantes em tomar decisões, assumir riscos ou realizar qualquer ação que poderia ajudar a empresa. Pior ainda, podem ser incapazes de julgar bem uma situação por se apoiarem sempre em regras ou em ordens recebidas dos superiores.

Em 1961, Stanley Milgram, professor da Universidade Yale, demonstrou os problemas que podem ocorrer quando os subordinados simplesmente obedecem a instruções recebidas de quem está no comando. Ele criou uma experiência simples na qual cidadãos comuns controlavam um aparelho que emitia descargas elétricas e tinham de dar choques em um estranho sentado em outra sala. O resultado foi surpreendente: 65% dos participantes obedeceram sem pensar às ordens dos pesquisadores e aplicaram altas descargas de eletricidade à outra pessoa, sem perceber que a vítima era um ator e que, na verdade, não estava recebendo os choques.[17] Esse famoso estudo revela a mentalidade das pessoas acostumadas a seguir cegamente procedimentos e ordens. Elas podem acabar fazendo coisas que vão contra os interesses da empresa ou dos clientes.

Embora seja um exemplo extremo do que pode acontecer quando os indivíduos acatam cegamente a autoridade, essa experiência ilustra o fato de que a burocracia pode ser destrutiva para as organizações. Os funcionários podem, sem pensar, agir de maneira a violar a moralidade e o senso comum. A obediência cega também pode gerar ineficiência no trabalho, problemas de qualidade e insatisfação dos clientes.

SOLUÇÕES

1. Simplifique a burocracia.

Examine com atenção os processos que estão atravancando o andamento das coisas e frustrando os funcionários. Eles são mesmo necessários? Que dano causaria se fossem enxugados e simplificados? Envolva as pessoas mais afetadas na elaboração de um questionário para avaliar de forma sistemática esses procedimentos burocráticos. Por exemplo, pergunte a elas e a si mesmo:

- Esse procedimento, diretriz ou prática é mesmo necessário?
- Pode ser simplificado?
- Existe uma alternativa menos complexa porém igualmente eficaz?

2. Contorne a burocracia.

Já reparou que algumas pessoas na sua organização não têm os mesmos problemas que você tem com a burocracia? Muitas vezes, isso acontece porque elas delegaram as tarefas burocráticas a outras pessoas. Ou então simplesmente não dão importância aos formulários, aprovações e protocolos que são a obsessão de outros colegas. Seja ousado! Não pense que o pior vai acontecer. Tente e veja o que acontece. Você poderá ter uma surpresa agradável.

3. Elimine a burocracia.

Em geral as empresas se saem bem melhor na criação do que na eliminação da burocracia. Talvez aquele formulário, procedimento ou aprovação já não tenha mais utilidade e deva ser abandonado. Seja um pioneiro e assuma a liderança. Em vez de enxugar as operações eliminando pessoas, elimine procedimentos que diminuem a produtividade delas.

Conclusão

Os funcionários odeiam a burocracia e culpam a gerência por isso. A burocracia pode torná-los impotentes para fazer bons julgamentos e gerar ineficiência, problemas de qualidade e clientes insatisfeitos. As empresas precisam se concentrar em simplificar, contornar e eliminar a burocracia.

18

*61% dos funcionários acham que sua organização
tolera colaboradores com desempenho ruim*

Por que eles não se livram das pessoas incompetentes?

Os funcionários do pequeno hospital de uma comunidade rural se queixavam o tempo todo dos colegas com desempenho ruim. Eles achavam que a organização era tolerante demais com os profissionais incompetentes e que deveria demiti-los. Os enfermeiros reclamavam que alguns colegas sempre chegavam atrasados, faltavam alegando estar doentes e nunca se ofereciam para ajudar. Os faxineiros diziam que alguns colegas só cumpriam metade das tarefas que eles realizavam durante um dia típico. Muitos também achavam que vários supervisores simplesmente não estavam fazendo o próprio trabalho.

Os funcionários se perguntavam: "Os gerentes não enxergam os problemas com esses funcionários? Será que são cegos?" Também não sabiam se a gerência notava o *bom* desempenho deles.

O hospital se orgulhava de sua atmosfera amistosa e agradável. Era o tipo de lugar no qual, depois de serem admitidos, os funcionários podiam permanecer até o final da carreira. A maioria trabalhava no hospital havia 20 anos ou mais. Uma demissão não significaria apenas privar alguém do próprio trabalho, mas também marginalizar aquela pessoa dentro de uma comunidade coesa.

A gerência não era cega. Eles sabiam que colaboradores ineficazes eram tolerados havia muitos anos. Temiam, porém, que uma ação drástica pudesse destruir a atmosfera harmônica que tornava aquele ambiente de trabalho tão especial. Também não dispunham de provas documentadas para demitir os funcionários com baixo rendimento sem se sujeitar a disputas jurídicas.

O problema para os empregadores

Toda empresa tem funcionários com baixo desempenho. (Estou falando aqui daqueles que fazem o mínimo necessário.) Essas pessoas não violam nenhuma regra da empresa e não cometem nenhum erro crasso ou dispendioso, mas, mesmo assim, são extremamente prejudiciais para a organização.

Os gerentes que permitem que os funcionários com baixo desempenho se esquivem dos riscos são considerados indecisos e ineficazes pelo restante da equipe. Também aborrecem os profissionais com bom desempenho, que acham que a gerência não faz ideia de quem realiza ou não um bom trabalho. As queixas típicas desses funcionários são:

- "Por que devo dar duro se meus colegas trabalham pouco?"
- "Eu deveria ganhar mais do que as pessoas que se dedicam menos."
- "Preciso dar duro porque acabo fazendo o meu trabalho e o dos outros."

A psicologia da situação

De acordo com a teoria da equidade, os funcionários que percebem alguma desigualdade no local de trabalho tendem a adotar um dos seguintes comportamentos:

- Reduzem sua contribuição, se esforçando menos
- Aumentam o próprio retorno, pressionando por um aumento ou promoção
- Aumentam a contribuição dos funcionários com baixo desempenho com a seguinte justificativa: "Eles estão contribuindo para a organização de outra maneira."
- Reduzem o retorno do funcionário com baixo desempenho tentando fazer com que ele seja demitido
- Pedem demissão

SOLUÇÕES

Quando não há muita alternativa, demitir os funcionários com baixo desempenho pode ser uma boa solução. Esse tipo de postura indica aos demais que o baixo desempenho não é tolerado. No entanto, antes de qualquer atitude drástica, outras opções para lidar com os funcionários menos competentes devem ser cuidadosamente analisadas.

PRIMEIRAS OPÇÕES

1. Identifique a raiz do problema.

Reúna-se com o funcionário com o intuito de discutir a situação. Não espere até a avaliação anual de desempenho. Tente identificar o que está causando o problema e o que pode ser melhorado. Explore causas em potencial dentro e fora do local de trabalho. Antes de qualquer coisa, faça do funcionário um parceiro na busca por possíveis soluções.

2. Transfira o funcionário para outro supervisor.

Às vezes, um supervisor diferente consegue despertar o que um funcionário com baixo desempenho tem de melhor. Um recomeço pode ser tudo de que ele precisava.

3. Designe outra função para ele.
Assim como os funcionários, as empresas estão sempre se transformando. Talvez uma mudança de responsabilidades, de colegas ou de ambiente dentro da mesma organização possa ser benéfica para o colaborador.

4. Treine-o novamente.
Às vezes, a solução é aprimorar as habilidades do funcionário. Em geral as pessoas ficam mais felizes e têm um desempenho muito melhor quando possuem as habilidades necessárias para alcançar a excelência.

MEDIDAS RIGOROSAS

Se, por outro lado, não houver como salvar o colaborador, outras providências serão necessárias, tais como:

1. Dê aos supervisores novo treinamento sobre como disciplinar os funcionários-problema.
Saber disciplinar adequadamente os funcionários é uma das tarefas mais difíceis dos supervisores. Eles deveriam receber treinamento com regularidade sobre como documentar o desempenho ineficaz, discutir problemas de desempenho com os subordinados e tentar melhorar a situação. Se todo o resto falhar, os supervisores precisam saber como demitir o funcionário-problema.

2. Envolva o departamento de recursos humanos.
Os profissionais de recursos humanos são qualificados para discutir questões de desempenho com os funcionários, além de conhecerem as regras da empresa e as leis trabalhistas. Envolva-os desde cedo no processo de melhoria ou de demissão.

3. Comece a reunir provas desde já.
Os supervisores devem começar a documentar incidentes específicos de baixo desempenho. Esses casos devem ser discutidos

com o funcionário o mais imediatamente possível após a infração. Ele também deve ser advertido de que, caso seu desempenho não apresente melhorias dentro de determinado prazo, há a possibilidade de ele ser demitido.

4. A alta gerência deve promover o processo.

A alta gerência deve comunicar aos supervisores que é essencial para a organização que eles façam de tudo para melhorar o desempenho dos funcionários. E, caso isso não dê resultado, que deverão tomar as providências necessárias para demiti-los.

Conclusão

Os funcionários odeiam quando percebem que os outros não estão cumprindo com o próprio dever e que ninguém faz nada a respeito. A gerência precisa ser proativa na resolução do problema, identificando sua causa, mudando a atribuição ou o supervisor do funcionário ou então dando-lhe novo treinamento, disciplinando-o ou demitindo-o. Ao contrário dos temores da gerência, os outros funcionários da organização vão ficar satisfeitos porque as providências apropriadas estão sendo tomadas.

19

50% dos funcionários acham que o tempo gasto em reuniões não é bem empregado

Há reuniões demais

Um laboratório de ideias com 200 funcionários se orgulhava de fornecer aos clientes relatórios de pesquisas inovadores, mas estava totalmente desorganizado. A presidência havia mudado de mãos várias vezes em poucos anos e os donos estavam à procura de um comprador.

Esse cenário era muito desestabilizador para a força de trabalho. Os principais executivos da organização estavam o tempo todo competindo por poder e influência. Os gerentes e funcionários dos grandes departamentos desconfiavam uns dos outros. A empresa havia se transformado num conjunto de panelinhas que não cooperavam entre si. A alta gerência tentava compensar essa situação convocando reuniões interdepartamentais para discutir os assuntos mais banais. Embora o objetivo fosse tentar coordenar as atividades dos departamentos e maximizar o envolvimento de todos, as reuniões costumavam ser improdutivas. Eram caracterizadas por muita pretensão, pouco empenho e nenhuma decisão ou follow-up.

Na verdade, os funcionários não queriam participar das reuniões. Eles chegavam tarde, saíam cedo e permitiam que interrupções acontecessem ao deixarem os celulares ligados. Alguns funcionários do alto escalão até combinavam com as secretárias para que interrompessem a reunião avisando que deveriam atender a um telefonema importante. Não percebiam que enganavam apenas a si mesmos.

As reuniões eram caóticas. Era raro haver uma pauta. Em geral duravam horas. Poucas pessoas diziam o que realmente pensavam. Nenhuma decisão era tomada. Em vez de criar discussões construtivas, todos se comportavam de forma mecânica. As pessoas voltavam para sua sala balançando a cabeça e murmurando: "Que perda de tempo!"

Não é de surpreender que nossa pesquisa tenha revelado que apenas 28% dos funcionários acreditavam que o tempo gasto em reuniões era bem empregado. Até os 10 executivos da alta gerência compartilhavam dessa opinião.

O problema para os empregadores

As reuniões têm muitas funções úteis. São uma oportunidade para que funcionários de diversos departamentos se comuniquem e cooperem uns com os outros. Elas possibilitam que pessoas com perspectivas diferentes contribuam e ajudem a pôr o foco nos objetivos gerais da empresa, e não apenas nas metas departamentais ou individuais. Entretanto metade dos funcionários considera as reuniões de que participam uma perda de tempo. Eis alguns motivos:

1. *As pessoas chegam atrasadas.* Quando uma reunião não começa no horário, todos perdem tempo. No entanto os atrasos são mais a regra do que a exceção. Costumo brincar, dizendo à primeira pessoa a chegar às minhas reuniões: "Você chegou na hora! Deve ser novo na empresa."

2. *As reuniões demoram demais.* Muitas reuniões não têm pauta nem objetivos claramente preestabelecidos, muito menos hora

para terminar. Assim, arrastam-se de maneira interminável com pouco propósito ou direção.

3. *Muitas pessoas são convocadas sem necessidade.* Já perguntou a si mesmo no meio de uma reunião o que estava fazendo lá? Os líderes das reuniões costumam convocar pessoas demais porque não querem ofender ninguém deixando-o fora da lista. A verdade, porém, é que muitas pessoas prefeririam não terem sido incluídas.

4. *Reuniões são muito caras.* Faça as contas. Digamos que esteja havendo uma reunião com 10 pessoas e que cada uma receba um salário de 5 mil dólares. Partindo do princípio de que elas trabalham 40 horas por semana, chegamos a um salário de aproximadamente 30 dólares por hora. Portanto, uma reunião de duas horas custa à empresa 600 dólares. Se houver mais participantes ou se funcionários de nível mais elevado forem convocados, o custo será ainda mais alto. Isso sem levar em conta a produtividade perdida de cada pessoa que, em vez de estar na reunião, poderia estar atendendo clientes, vendendo ou produzindo.

A psicologia da situação

Eis alguns motivos que fazem com que os funcionários achem as reuniões uma perda de tempo:

1. O tempo gasto com o processo operacional da reunião é insuficiente

Conteúdo e *processo* são dois componentes importantes de qualquer reunião. Muitos psicólogos argumentariam que 85% ou mais de uma reunião deveriam ser dedicados a questões de processo operacional. Só então o conteúdo pode ser abordado sem problemas e com rapidez. O processo se refere à discussão do que as pessoas acham do funcionamento da equipe, da tarefa a ser realizada, do método para que a decisão seja tomada e do papel que cada pessoa desempenhará no processo de tomada de decisão.

2. As perspectivas não são diversificadas o bastante

Para que uma equipe funcione bem é preciso uma combinação de pessoas com visões de mundo diferentes. Por exemplo, algumas pessoas gostam de planejar e executar. Outras são mais analíticas. E ainda há aquelas que são boas em olhar para o futuro e têm uma visão melhor do todo. As reuniões mais produtivas e eficientes contêm uma combinação desses diferentes tipos de colaboradores.

3. A divergência não é valorizada

Um problema enfrentado por grupos que não conseguem tomar decisões é o fenômeno que o psicólogo social Irving Janis chamou de "pensamento de grupo".[18] É o que acontece quando o poderoso líder de uma reunião deixa claro para os demais participantes quais decisões ele quer que sejam tomadas. Com essa deixa, o encontro se torna monótono, com todo mundo apenas concordando com o líder, sem expressar nenhuma reserva ou opinião divergente. Além de não gerar reflexões, reuniões desse tipo são uma perda de tempo para todos.

4. A liderança não é compartilhada

Muitas vezes, as pessoas são preguiçosas e apenas concordam com quem convocou a reunião. Elas não compartilham da responsabilidade pelas atividades do grupo. Quando os membros da equipe relutam em participar e não se empenham na discussão, as reuniões se tornam menos eficientes e ninguém se compromete com o resultado. Todos perdem tempo. A liderança pode assumir muitas formas, tais como:

- Conduzir os participantes de um tópico para outro
- Resumir o pensamento atual da equipe

- Expressar uma opinião sobre o progresso ou sobre a falta de progresso do grupo
- Levá-los a um consenso
- Opor-se a uma decisão deliberada pela equipe

5. **Falta de compromisso com os objetivos da reunião**
Se os integrantes da equipe têm objetivos diferentes ou não se importam com o resultado, a reunião não terá utilidade. Não haverá empenho em seguir as decisões tomadas. O resultado, mais uma vez, é perda de tempo.

SOLUÇÕES

1. **Estabeleça um limite de tempo para as reuniões.**
Diga às pessoas que as reuniões vão começar e acabar no horário. Para estimular a pontualidade, faça com que os atrasados paguem uma multa que será revertida numa festa para a equipe.

Quando trabalhei numa grande empresa de consultoria, as horas de trabalho de todos eram monitoradas com rigor. Tempo perdido era dinheiro perdido. Havia uma guerra declarada contra tempo desperdiçado em reuniões. Foi instalada uma mesa alta sem cadeiras em uma pequena sala de reuniões. A ideia era realizar encontros breves com poucos participantes, todos de pé. Além disso, a sala de reuniões podia ser reservada por um período máximo de 30 minutos.

2. **Use um facilitador de processo.**
Para uma reunião particularmente importante, você talvez queira convocar um facilitador, cujo papel será garantir que a reunião prossiga sem problemas, que as questões de processo sejam discutidas e que os objetivos da reunião sejam alcançados. Essa pessoa pode ser de outro departamento ou um integrante do grupo, desde que não seja sempre o mesmo.

3. **Dê atenção especial ao final da reunião.**
Muitas vezes, as pessoas saem das reuniões antes que ela acabe, geralmente porque precisam correr para outro encontro de negócios improdutivo.

No final das reuniões, um bom tempo deve ser dedicado a duas atividades cruciais. A primeira é a discussão dos próximos passos, quando será decidido quem ficará responsável pela execução de determinada tarefa e quais serão os prazos. A segunda é a discussão de avaliação, na qual todos devem opinar sobre o que funcionou ou não durante aquele encontro e o que deveria ser feito na próxima vez a fim de melhorar o processo. Nesse momento, as pessoas também têm a oportunidade de se expressar sobre qualquer tópico de interesse do grupo, mesmo que não esteja previsto na pauta.

Conclusão

Os funcionários ficam chateados porque acham que a gerência os obriga a perder tempo com reuniões improdutivas. A oportunidade de interagir com os colegas deve fazer com que os funcionários se sintam bem, e não frustrados. As reuniões não precisam ser uma perda de tempo. Para torná-las úteis, limite sua duração, convoque criteriosamente os participantes, concentre-se no processo e dedique atenção especial ao final da reunião.

PARTE IV

Os funcionários se sentem desvalorizados

20

61% dos funcionários estão insatisfeitos com o salário

Minha remuneração não é justa

Durante o último ano do ensino médio, trabalhei meio expediente carregando sacos de 20 quilos de fertilizantes de um depósito até os caminhões de entrega. Ganhávamos por hora, até o trabalho ser completado. Éramos três: um amigo, um operário mais velho da linha de montagem da General Motors e eu. Eu estava ansioso para causar uma boa impressão e trabalhei com afinco e rapidez em minha primeira noite. Na segunda noite, o operário da GM me parou e disse sério: "Nós trabalhamos DEVAGAR aqui. ENTENDEU?" Ele não disse que fazia aquilo para ganhar mais dinheiro, mas era óbvio.

Esse comportamento não se limita aos trabalhadores braçais. Um colega meu trabalha numa empresa de consultoria de gestão. A maioria de seus clientes é formada por agências governamentais. Elas estabelecem um piso muito baixo para o que uma empresa pode cobrar por hora. Ele entra no jogo dizendo que o projeto tomará mais horas do que realmente toma.

Muitos anos atrás, prestei consultoria para uma pequena prestadora de serviços públicos na região da Nova Inglaterra. A maioria da mão de obra trabalhava na organização havia muitos anos. A principal queixa era a baixa remuneração. Eles me disseram:

"Às sextas-feiras, só enrolamos. Não fazemos nenhum trabalho de verdade porque nosso contracheque cobre apenas quatro dias de serviço por semana."

O problema para os empregadores

Muitos funcionários acham que são mal remunerados e acreditam que não recebem um pagamento justo em comparação a outros profissionais que realizam um trabalho semelhante em outras empresas. Por causa disso podem julgar que têm uma justificativa para adotar um comportamento pouco ético a fim de compensar o que lhes falta. Isso inclui a falsificação de folhas de ponto e até mesmo roubo.

A verdade é que, no fundo, a maioria dos funcionários não faz muita ideia do que está envolvido na comparação entre a remuneração que recebe e a que é oferecida por outras organizações. Regras de trabalho, benefícios e muitos outros fatores variam bastante de empresa para empresa, dificultando as comparações.

Os funcionários avaliam a adequação de sua remuneração com base em informações geralmente pouco confiáveis. Alguns se baseiam no que ex-colegas dizem que estão ganhando no novo emprego, mas não há como saber se essa informação é verdadeira. Outros citam o salário de um emprego semelhante que viram publicado no jornal, mas não têm como saber se o emprego é realmente comparável ao seu ou até que ponto o pacote de remuneração se compara ao que recebe hoje. Mesmo as pesquisas salariais são um método inadequado para que os funcionários comparem o próprio salário com a remuneração oferecida em outros lugares. Os resultados vão depender de quais organizações optaram por participar do estudo e talvez não reflitam as diferenças no custo de vida local ou nas responsabilidades inerentes ao trabalho.

Embora os níveis individuais de remuneração sejam mantidos em segredo na maioria das empresas, muitos profissionais acham que não são remunerados de forma justa em comparação a colegas que realizam um trabalho semelhante. Em muitos casos, as noções de "desigualdade interna de remuneração" são imprecisas. No entanto, sendo real ou imaginária, essa percepção pode resultar em ressentimento e trabalho em equipe de baixa qualidade.

A psicologia da situação

Como os níveis de remuneração são secretos e essa informação raramente é compartilhada, os funcionários tendem a basear suas opiniões sobre desigualdade interna em duas percepções quase sempre distorcidas.

A primeira é achar que colegas com desempenho inferior ao seu estão recebendo a mesma remuneração. Isso talvez não seja verdade.

A segunda é que a maioria dos profissionais acha que seu próprio desempenho está acima da média. Portanto acreditam que, se sua remuneração está apenas na média, eles estão ganhando a mesma coisa que os funcionários menos merecedores. Isso também pode não ser verdade. Além disso, há a possibilidade de a percepção sobre a superioridade do próprio desempenho no trabalho ser equivocada.

A remuneração é importante para as pessoas porque permite que sustentem a si mesmas e a suas famílias e é equiparada a respeito e reconhecimento. Trata-se de um crachá invisível que é exibido para o mundo e que, para muita gente, causa grande impacto na autoestima.

Frederick Herzberg e seus colegas descrevem a remuneração como um "fator higiênico": algo que não tem mais importância do que a mobília, a iluminação e a temperatura do escritório. Segundo Herzberg, esses "fatores higiênicos" não conseguem motivar nem satisfazer os funcionários – podem apenas ser uma fonte de insatisfação.[19]

SOLUÇÕES

1. Deixe clara sua filosofia de remuneração.
Uma filosofia de remuneração é uma afirmação simples a respeito de como a organização remunera em relação ao mercado. Esse tipo de declaração deixa claro para os funcionários e para os candidatos a vagas qual pode ser sua expectativa em relação ao salário. Por exemplo, uma filosofia de remuneração comum pode ser: "Oferecemos um nível de remuneração igual ou superior ao de empresas semelhantes na nossa região." Quanto mais específica, melhor.

Algumas empresas deixam claro para os candidatos e funcionários que remuneram abaixo do mercado. Por exemplo, organizações sem fins lucrativos em geral pagam mal. Muitos profissionais estão dispostos a aceitar essa condição porque acreditam firmemente na missão da organização.

Outras dizem que remuneram abaixo do mercado mas oferecem outros benefícios como compensação. Por exemplo, uma empresa de pesquisas farmacêuticas remunera os cientistas abaixo do mercado, mas oferece uma atmosfera que privilegia a vida familiar. A saída às 17h é aceita e estimulada. Também é permitida uma folga durante um dia de trabalho para ir ao jogo de futebol do filho. Todos os funcionários sabiam que, ao aceitar trabalhar na empresa, estavam sacrificando a remuneração por um estilo de vida melhor.

2. Evite pagar por hora.
Contrato os serviços de um profissional de informática que me ajuda a comprar equipamentos, instalar softwares e resolver problemas. Ele costumava cobrar por hora. Quando ele me ajudava, parecia que estávamos nos concentrando no tempo, e não nos

resultados. Eu ficava olhando para o meu relógio e ele, sem dúvida, olhava para o dele. Quanto mais depressa ele conseguia resolver meus problemas com os computadores, menos ganhava. Isso não fazia sentido para mim. Mudamos o nosso acordo e, agora, pago a ele um valor mensal, o que é muito mais satisfatório para ambos.

Sempre que possível, remunere os funcionários por produção ou por resultado, e não por tempo. Não faria sentido pagar a um vendedor que trabalha meio expediente o mesmo que a outro que trabalha em tempo integral se os dois obtivessem o mesmo nível de vendas?

3. Use bonificações em vez de aumentos salariais.

Quando administradas adequadamente, as bonificações podem motivar muito mais do que aumentos salariais. E também são menos caras, pois não comprometem a folha de pagamento.

4. Ensine os supervisores a falar sobre remuneração.

É importante transmitir aos funcionários as mensagens apropriadas sobre remuneração. Não enfraqueça o programa de remuneração da sua organização pedindo desculpas ao oferecer um aumento menor do que o esperado pelo funcionário. Em vez disso, fale do motivo para ele estar recebendo um aumento.

5. Elimine os funcionários com desempenho ruim.

Ao remunerar da mesma maneira funcionários com níveis de desempenho diferentes, você sinaliza aos que têm bom desempenho que a qualidade do trabalho não afeta sua remuneração.

Conclusão

A remuneração é importante para os funcionários e muitos deles estão insatisfeitos a esse respeito. Eles se ressentem da gerência por não remunerá-los melhor. Um aumento salarial coletivo dificilmente é possível e também não resolveria o problema. Em vez disso, você pode melhorar a percepção que os funcionários têm do salário comunicando com clareza qual é a filosofia de remuneração da empresa e demonstrando que o bom desempenho no trabalho será recompensado.

21

52% dos funcionários acham que são remunerados injustamente em comparação com pessoas na mesma organização com funções semelhantes

Não está certo recebermos todos a mesma remuneração

Fui consultor do grupo que prestava serviços de apoio a um aeroporto de uma grande cidade. A equipe de 150 pessoas era encarregada da segurança e da manutenção das instalações aeroportuárias. Eis algumas das queixas dos funcionários:

- *Remuneração igual para trabalho desigual.* Um encarregado de manutenção, que trabalhava em uma equipe responsável por cuidar das instalações, reclamou: "Embora eu esteja aqui há pouco tempo, trabalho com mais afinco e melhor do que qualquer outra pessoa. Mas ganho muito menos."

Um integrante da unidade de resgate concordou: "As pessoas do nosso setor que trabalham aqui há mais tempo fazem menos, mas ganham mais por causa do tempo de casa."

Quando indiquei que aquele era na verdade o acordo que eles haviam pedido que o sindicato negociasse em seu nome, eles simplesmente deram de ombros e disseram que mesmo assim a culpa era da gerência.

- *Compressão da remuneração.* Em outra organização, um dos vendedores se queixou: "Ganho quase a mesma coisa que os novatos e trabalho aqui há três anos." Isso se chama "compressão da remuneração".
- *A melancolia do patamar mais alto.* Recebi um e-mail do proprietário de uma loja que dizia: "Tenho 40 funcionários que fazem principalmente trabalho que não exige qualificação específica. Muitos deles estão conosco há mais de 10 anos e alcançaram o nível máximo de ganhos. A minha preocupação é que os prendemos no emprego tratando-os bem, oferecendo uma boa remuneração para aquele tipo de função e fornecendo assistência médica e dentária."

Muitas organizações têm faixas salariais fixas que especificam o valor que pode ser pago aos funcionários em cada função. Cada faixa tem um piso e um teto. Em geral, os novos funcionários começam na parte mais baixa da faixa salarial e vão subindo gradualmente à medida que recebem aumentos.

O propósito das faixas salariais é garantir o controle dos custos com a folha de pagamento. Elas também ajudam a manter a isonomia interna da remuneração. Por exemplo, os supervisores ficam chateados, e com razão, quando seus subordinados diretos ganham mais do que eles.

O que as empresas deveriam fazer quando seus funcionários leais e com alto desempenho alcançam o patamar mais alto da sua faixa salarial? É comum que esses funcionários continuem trabalhando sem aumentos reais de salário, apenas reajustes. Mas eles podem ficar frustrados e perder a motivação, pois se sentem estagnados.

O problema para os empregadores

Os funcionários querem acreditar que seu bom desempenho é reconhecido pela gerência e que é adequadamente recompensado. A maioria não quer que todos recebam uma remuneração idêntica. Em vez disso, querem que os funcionários que se saem melhor ganhem mais. No entanto a maioria também acredita que está acima da média de desempenho.

O problema é que, quando acham que não recebem o que merecem em comparação com os colegas que realizam o mesmo trabalho, os funcionários ficam ressentidos. Sentem raiva da empresa e dos colegas. Pensam: "Aquele preguiçoso na sala ao lado ganha o mesmo que eu. Por que devo me esforçar mais se não verei o resultado no meu contracheque?" Esses pensamentos não são bons para o moral nem para a motivação.

Embora muitas empresas possam até querer remunerar de forma diferenciada os funcionários que fazem o mesmo trabalho, isso é difícil. Eis alguns motivos:

1. *O desafio de medir objetivamente o desempenho.* É difícil medir o desempenho de vários tipos de funcionários. Muitas vezes, precisamos confiar nas avaliações subjetivas dos supervisores, que podem ser tendenciosas ou impossíveis de ser comparadas com as avaliações de outros supervisores.

2. *A falta de confiança nas avaliações dos supervisores.* Os subordinados não acham que os supervisores diferenciem adequadamente quem tem desempenho bom ou ruim. Por isso pedem que o sindicato negocie aumentos de salário coletivos ou com base apenas em tempo de serviço.

3. *A facilidade de fornecer remuneração igual a todos.* As empresas acham muito mais fácil remunerar da mesma maneira todas as pessoas que realizam o mesmo trabalho. Assim, não precisam se preocupar em medir o desempenho com precisão. Também acreditam que essa é uma ideia mais fácil de ser promovida junto aos funcionários. Podem dizer: "Vejam, todos vocês fazem parte da mesma equipe e queremos remunerá-los da mesma maneira porque todos precisam contribuir igualmente." Mas os funcioná-

rios não costumam aceitar essa lógica, que não é nem um pouco verdadeira.

A psicologia da situação

Lembre-se de que a teoria da equidade prevê que os funcionários poderão adotar um destes cinco comportamentos se acharem que estão obtendo o mesmo retorno que os colegas que fazem o mesmo trabalho, mas têm um desempenho ruim: reduzir a própria contribuição (desempenho no trabalho), aumentar o retorno (pedindo um aumento de salário), aumentar o retorno dos outros (racionalizando que, quem recebe mais, tem um desempenho melhor), reduzindo o retorno dos outros (tentando diminuir a remuneração alheia) ou abandonando aquela situação. A redução da própria contribuição é o comportamento mais provável.

SOLUÇÕES

1. **Estabeleça expectativas claras para os candidatos.**

Seja franco com os candidatos a emprego no que diz respeito ao que acontecerá quando eles alcançarem o teto de sua faixa salarial. Explique que, quando isso acontecer, eles não poderão ganhar mais naquela posição e, embora haja limites à remuneração naquele nível, eles receberão treinamento e obterão experiência, o que será útil para sua carreira. Assim, os profissionais poderão entrar para a empresa sabendo onde estão pisando.

2. **Ofereça responsabilidades adicionais para os funcionários que atingiram o teto da faixa salarial.**

Por exemplo, encarregue-os de treinar os novos contratados ou peça que eles participem de projetos especiais. Ao atribuir responsabilidades adicionais, você sentirá que tem uma justificativa para oferecer mais dinheiro àqueles funcionários.

3. Amplie as faixas salariais.

O problema da "compressão da remuneração" é comum. A fim de atrair novos funcionários, os salários iniciais anunciados são relativamente altos. Os que já trabalham na organização ficam chateados porque acham que os novatos estão ganhando a mesma coisa, ou quase a mesma coisa, que eles. A expansão das faixas salariais pode ajudar.

4. Evite a remuneração por hora.

A remuneração por hora não faz sentido em muitos cargos porque os funcionários podem desenvolver abordagens engenhosas e muitas vezes pouco éticas para esticar o trabalho até uma duração de oito horas, mesmo quando é possível realizá-lo em muito menos tempo.

Além disso, se forem pagas por hora, quanto mais depressa as pessoas trabalharem, menos ganharão pelo trabalho realizado. Ao remunerar por hora, você está pagando sobretudo pelo comparecimento dos funcionários e não será capaz de compensá-los de acordo com o desempenho.

5. Não desista de tentar vincular a remuneração ao desempenho.

É fácil demais abrir mão da tarefa de medir de forma apropriada o desempenho dos funcionários. Aperfeiçoe constantemente seu método de avaliação de desempenho e treine os supervisores para que saibam aplicá-lo.

6. Ofereça bonificações por tempo de casa.

Ofereça a alguns colaboradores no topo da faixa salarial bonificações duas vezes ao ano (por exemplo, em junho e dezembro).

Não se trata de um aumento e, portanto, não aumentará o custo dos benefícios.

7. **Promova os funcionários com melhor desempenho.** Se possível, forneça promoções reais a quem obtiver os melhores desempenhos, e não apenas mudanças de título. Ofereça um aumento salarial compatível com as novas responsabilidades.

8. **Estimule a saída de quem estiver descontente com o salário.** Funcionários insatisfeitos não somam nada à empresa. Talvez seja melhor para todo mundo se você estimular a saída de quem está descontente com o salário e não merece uma promoção. Diga que, por causa do conhecimento e da lealdade dele, você detestaria vê-lo ir embora, mas que há um limite à flexibilidade do sistema de remuneração. Ofereça ótimas referências.

Conclusão

Os funcionários querem sentir que terão uma remuneração melhor do que os colegas que estão contribuindo menos para a empresa. Eles ficam ressentidos com a gerência quando isso não acontece. Faça tudo o que puder para remunerar de acordo com o desempenho. Estabeleça expectativas claras sobre remuneração para os novos contratados, amplie as faixas salariais, evite pagar por hora, ofereça bonificações por tempo de casa e promova aqueles que estão frustrados por terem alcançado o topo da escala salarial ou estimule-os a sair da organização.

22

54% dos funcionários afirmam que as avaliações de desempenho são inúteis

A avaliação do meu desempenho não serve para nada

Uma indústria de alta tecnologia nos arredores de Boston havia surgido da cisão de uma empresa muito maior. Nos primeiros três meses, mais de um terço dos trabalhadores foi demitido. Nem é preciso dizer que os remanescentes se sentiam profundamente infelizes e temiam por seus empregos. Realizamos uma pesquisa e descobrimos que os funcionários estavam insatisfeitos com quase tudo (direção, gerência, comunicação, trabalho de equipe, remuneração e avaliações de desempenho).

Aconselhei a gerência a começar com mudanças tangíveis e visíveis que afetassem todos os funcionários. Uma das minhas recomendações foi garantir que todos recebessem as avaliações de seu desempenho. O presidente concordou em fazer disso uma prioridade, à qual ele também iria aderir.

Em uma pesquisa de acompanhamento seis meses mais tarde, os resultados melhoraram muito. Quando foi perguntado ao presidente o que a empresa havia mudado, ele disse: "A única verdadeira mudança que implementamos foi a realização das avaliações de desempenho no prazo certo." Surpreendentemente, aquela única grande mudança causou um forte impacto na maneira como os funcionários viam os supervisores, a gerência, a remuneração, as comunicações e muitas outras questões.

O problema para os empregadores

As avaliações de desempenho são extremamente importantes para os funcionários, mas eles têm grandes reservas sobre o modo como elas são realizadas. Eis algumas das queixas que ouço com mais frequência:

- "Meus supervisor nunca está por perto e não tem ideia do que faço no meu trabalho. Como ele pode me avaliar?"
- "Minha supervisora simplesmente usa a saída mais fácil. Diz coisas positivas a meu respeito durante a avaliação e, depois, recomenda que eu receba um aumento igual ao de todos os outros funcionários."
- "A avaliação do meu desempenho está sempre atrasada."
- "Meu supervisor é parcial. Ele não gosta de mim, embora eu tenha um ótimo desempenho."
- "O instrumento de classificação não faz sentido. Nem eu nem meu supervisor o entendemos. Todos na empresa são avaliados no mesmo formulário, que não tem qualquer relação com minhas tarefas."
- "O único feedback de desempenho que recebo no ano vem durante minha avaliação anual. Se estou fazendo algo errado, por que esperar o ano todo para falar comigo a respeito?"
- "Meu supervisor nunca apresenta sugestões úteis."
- "Discordei da avaliação do meu supervisor e me recusei a assiná-la."
- "As avaliações de desempenho são uma perda de tempo."

Até mesmo os funcionários com bom desempenho têm dúvidas quanto à utilidade das avaliações. Todos podem se sair melhor no trabalho, mas quem ganha do supervisor uma avaliação favorável geralmente recebe pouca orientação sobre como se tornar ainda mais eficiente.

A maioria dos funcionários acha que seu desempenho está acima da média. Isso, é claro, é matematicamente impossível, o que significa que muitos profissionais recebem informações sobre desempenho que não coincidem com suas opiniões.

A razão porque muitas pessoas acham difícil receber feedback negativo sobre o próprio desempenho e depois reagir e melhorar é não aceitarem essa crítica. Consideram-na uma afronta forte demais à imagem que fazem de si mesmos. Outro motivo é a grande dificuldade que elas têm em mudar. Se alguém faz seu trabalho da mesma maneira há muito tempo, é pouco provável que consiga realizar mudanças radicais.

Embora a maioria dos funcionários possa discordar, muitos realmente precisam de feedback construtivo para que possam melhorar o próprio desempenho. Se eles não melhorarem de forma contínua, a organização também não irá progredir.

A psicologia da situação

A avaliação anual de desempenho é uma das tarefas mais difíceis para qualquer supervisor. Os supervisores precisam não apenas analisar o desempenho dos subordinados, mas retransmitir a informação para eles de uma maneira construtiva e útil. Poucos supervisores conseguem fazer isso bem. Não é de surpreender que muitos evitem esse procedimento a todo custo.

Os supervisores fogem desesperadamente de conflitos e, por isso, acham as avaliações de desempenho difíceis. Eles temem que os funcionários discordem, discutam e se contraponham às avaliações. Por isso seguem o caminho mais fácil e fornecem um feedback que em geral é positivo, esquivando-se das áreas que precisam ser melhoradas. Por conseguinte, a avaliação acaba não sendo muito útil para a equipe nem para a organização.

Outro motivo que faz com que as análises de desempenho sejam difíceis é o fato de os supervisores terem dificuldade para distinguir diferentes níveis de desempenho. Eles não sabem o que um funcionário com desempenho médio precisa fazer para ter um desempenho alto. Por isso, acham difícil dizer a eles como melhorar.

Conceitualmente, os supervisores estão no "nível intermediário" na hierarquia. Seu trabalho é fazer com que a "base" (ou seja, seus subordinados diretos) execute o trabalho exigido pela "elite". A estratégia que muitos supervisores usam para influenciar com sucesso os subordinados diretos é fazer amizade, oferecer-se para executar o trabalho e ser considerado mais como um subalterno do que como alguém da elite (ou seja, um "dos mocinhos"). Mas a avaliação dos funcionários não é coerente com essa estratégia de relacionamento. Os supervisores acham difícil avaliar seus "amigos". Ao agirem mais como integrantes da elite, receiam ter dificuldade em manter a cooperação dos subalternos.

Os supervisores também temem que uma avaliação desfavorável acarrete uma queda no desempenho de um funcionário. Isso pode acontecer caso o subordinado fique com raiva ou chateado por não ter sido capaz de alcançar um bom resultado. Ou então ele pode reduzir o próprio desempenho para se vingar do supervisor. Às vezes, um profissional perfeitamente cooperador e obediente se torna insubordinado após uma análise de desempenho negativa.

É por isso que muitos supervisores relutam em aceitar a responsabilidade de avaliar seus subordinados diretos. Eles não gostam de ser avaliados e não querem avaliar os outros. Não querem exercer o papel de alguém que faz julgamentos capazes de afetar o bem-estar financeiro e psicológico de um colega.

SOLUÇÕES

1. Forneça feedback.

Os supervisores deveriam adquirir o hábito de fornecer regularmente aos funcionários feedback sobre desempenho. Isso torna a avaliação de desempenho muito mais fácil, tanto para o supervisor quanto para o subordinado. Para o supervisor, o encontro será apenas uma revisão ou um resumo do feedback que foi fornecido ao longo do ano. Para o colaborador, a avaliação não trará surpresas.

2. Encare a avaliação como um exercício.

Os supervisores podem evitar boa parte da dificuldade do processo de avaliação de desempenho encarando-o como um exercício de desenvolvimento, e não de avaliação. A tarefa deles é fornecer feedback sincero, além de sugestões e conselhos, para ajudar os funcionários a melhorar o desempenho no trabalho. Em vez de uma reunião para discutir um relatório, a avaliação deveria ser mais parecida com uma sessão de aconselhamento.

3. Pule a parte do dinheiro.

Salário e bonificações, é claro, são muito importantes para os profissionais, mas eles também querem um feedback construtivo. As decisões salariais são influenciadas por muitos fatores que estão fora do controle do supervisor ou do funcionário. As discussões sobre dinheiro deveriam acontecer em outro momento, separadas da avaliação de desempenho.

4. Envolva os funcionários no estabelecimento de objetivos.

Eles vão se empenhar muito mais em melhorar o desempenho no trabalho se puderem ajudar a estabelecer objetivos. Os objetivos devem ser específicos, mensuráveis, aceitáveis tanto para o subordinado quanto para o supervisor e também devem conter um prazo claro.

5. Concentre-se em comportamentos, e não em características.

O feedback tem de ser uma discussão de comportamentos especificamente observados, e não uma avaliação da personalidade de um funcionário. Isso se aplica tanto a comportamentos positivos quanto negativos. Por exemplo, é muito mais eficaz dizer "Você fez um ótimo trabalho revisando o relatório ontem e pegando aqueles erros de digitação" do que dizer "Você é muito atento a detalhes".

6. Realize discussões de desempenho em vez de dar sermões.

Os funcionários precisam estar envolvidos no estabelecimento de seus objetivos de desempenho e na articulação de planos para seu próprio desenvolvimento profissional. Os supervisores têm de falar do comportamento que observaram, mas também pedir a opinião da equipe a respeito de áreas que podem ser melhoradas. Quando envolvidos em seu próprio aprimoramento, os colaboradores ficam mais propensos a realizar ações positivas.

7. Realize as avaliações anuais de desempenho no prazo estabelecido.

Atrasos nas avaliações de desempenho são um tapa na cara dos funcionários. Eles veem nisso um sinal de que os supervisores não se importam com o seu desenvolvimento. As avaliações devem ser realizadas no prazo previsto.

8. Treine os supervisores.

Todos os supervisores precisam receber treinamento regular sobre como fornecer de forma eficaz o feedback de desempenho. Trata-se de uma habilidade importante que precisa ser continuamente aperfeiçoada.

Conclusão

A maioria dos funcionários vê pouco valor nas avaliações de desempenho que recebem e culpa a gerência por não ser capaz de fornecer um feedback construtivo. Para tornar as avaliações mais úteis, os supervisores devem fornecer feedback contínuo ao longo do ano e considerar esse procedimento mais um exercício de desenvolvimento do que de avaliação. As empresas precisam proporcionar um treinamento melhor sobre como realizar avaliações de desempenho e, sobretudo, garantir que elas sejam realizadas no prazo estabelecido.

23

7 em cada 10 funcionários dizem que não existe vínculo entre remuneração e desempenho no trabalho

Não há relação entre a minha remuneração e o meu desempenho

Eis mais uma história angustiante da tumultuada vida profissional da minha irmã, Andrea.

Andrea foi colocada sob observação durante 60 dias quando trabalhava como especialista em cobranças de uma empresa de locação de equipamentos médicos porque seu "coeficiente de cobrança" era baixo. Eles calculavam esse coeficiente monitorando o percentual de saldo devedor que ela deveria cobrar a cada mês. Na verdade, ela estava se saindo bem, mas seu coeficiente não refletia essa realidade, porque qualquer conta com um saldo de 5 mil dólares ou mais era passada para seu supervisor, que não era um bom cobrador. Mas a empresa não tinha como separar o coeficiente de cobrança de Andrea do coeficiente do supervisor. Como resultado, o coeficiente da minha irmã era enganosamente baixo.

Quando ela chamou a atenção da gerência para essa distorção, eles disseram: "Não podemos fazer nada. Seria muito difícil destrinchar tudo isso. Aqui somos uma equipe. Você não trabalha em equipe?"

Determinada a manter o emprego, Andrea educadamente se ofereceu para ajudar o supervisor a cobrar os grandes saldos. O supervisor, que não estava sob observação, declinou a oferta. Andrea foi demitida ao final dos 60 dias.

Muitas vezes, ouço os funcionários dizerem: "Todos ganhamos a mesma coisa neste departamento, mas alguns fazem por merecer e outros, não. Não é justo." Alguns comentam que a empresa não conta com uma maneira eficaz de medir o desempenho. Outros dizem: "Aqui o seu desempenho não importa. Você nunca vai vê-lo refletido no contracheque." Ainda há os que comentam: "Meu supervisor é fraco. Ele prefere o caminho mais fácil e dá a todos o mesmo aumento anual de salário."

O problema para os empregadores

Tanto os profissionais da indústria quanto os de serviços acham importante haver um vínculo forte entre remuneração e desempenho. Eles querem sentir que o trabalho benfeito é reconhecido e recompensado adequadamente, mas a maioria das empresas não se sai bem ao vincular esses dois aspectos. Assim, muitos funcionários acham que, por mais que trabalhem com afinco, o impacto em sua remuneração será pequeno ou nulo.

Mesmo quando estão empenhadas em atrelar remuneração a desempenho, as organizações muitas vezes têm dificuldade em diferenciar um desempenho bom de um excelente. Em muitas funções, o desempenho individual não pode ser medido de maneira objetiva. A organização acaba tendo de se basear nas avaliações subjetivas dos supervisores, e muitos deles não estão à altura dessa tarefa. Além disso, os supervisores em diferentes setores da organização podem ter concepções muito distintas acerca dos níveis de desempenho.

Alguns lugares tentam sem sucesso combater esse problema usando programas de participação nos lucros que vinculam a remuneração de todos os funcionários ao sucesso da empresa. Se ela tem lucro, uma parte do dinheiro é dividida entre todos. Mas a maioria dos funcionários não concorda com essa abordagem. Eles não veem muita ligação entre a qualidade do seu desempenho e o lucro da organização. Além disso, o lucro geralmente é distribuído por igual a todos, sem diferenciação entre os diversos níveis de desempenho. Os funcionários, portanto, continuam a achar que seu resultado acima da média não está sendo recompensado.

A maioria das empresas desiste de resolver o problema e simplesmente oferece aumentos salariais gerais a cada ano. Outras dizem aos funcionários que remuneram de acordo com o desempenho, embora não o façam. Essas soluções não deixam ninguém feliz e apenas exacerbam o problema.

As organizações que tentam vincular remuneração e desempenho no trabalho enfrentam três grandes desafios:

1. Receio de indispor funcionários com bom desempenho

Se apenas algumas pessoas receberem aumento salarial, certamente alguns funcionários com bom desempenho ficarão ofendidos ou irritados e poderão até querer ir embora.

2. Dependência de avaliações subjetivas

Sem critérios objetivos disponíveis para diferenciar desempenho bom e ruim, as avaliações dos supervisores apresentam vários problemas, dentre os quais:

- *Foco errado.* Os avaliadores tendem a desenvolver uma impressão geral do funcionário e a basear a avaliação nessa impressão e não no seu verdadeiro desempenho no trabalho.
- *Parcialidade.* As avaliações podem ser influenciadas pela preferência consciente ou inconsciente por funcionários de determinado sexo, raça, origem étnica ou preferência sexual.

- *Indulgência.* Os supervisores tendem a considerar todos os funcionários ótimos.
- *Equações pessoais.* Esse fenômeno se refere à variação na utilização dos critérios de avaliação por parte dos supervisores. Se você por acaso trabalha para um supervisor que raramente dá notas altas, nunca terá um bom aumento de salário, ao passo que quem trabalha para supervisores menos rígidos sempre obterá bons reajustes.
- *Problemas de distribuição forçada.* Uma abordagem bastante usada para evitar os problemas de indulgência e foco errado é forçar os supervisores a distribuir as pontuações. Por exemplo, uma supervisora com 10 subordinados diretos poderá ter de limitar as pontuações mais altas e mais baixas a apenas dois funcionários cada. O problema é que alguns supervisores podem realmente ter mais de dois colaboradores com desempenho excelente enquanto outros não têm nenhum.

3. Dificuldade em usar critérios objetivos

As organizações que tentam usar critérios objetivos em vez das pontuações dos supervisores enfrentam outros problemas:

- *Distorções de oportunidade.* Uma vendedora se queixa dizendo que a maneira como seu sucesso nas negociações é medido deveria levar em consideração o fato de seu território de vendas ser muito menor do que o dos outros vendedores da empresa, o que faz com que ela tenha menos oportunidade de ser bem-sucedida.
- *Contaminação do critério.* Um perito em sinistros de uma seguradora de automóveis argumenta que o grande volume de sinistros caros que ele processou para a empresa não foi culpa dele, mas o resultado de acontecimentos fora do seu controle (por exemplo, o verão anterior foi muito chuvoso e acarretou um número excepcionalmente grande de panes nos automóveis segurados).

- *Deficiência.* O desempenho do pessoal de vendas em uma loja de produtos eletrônicos é calculado a partir da pontuação que eles recebem nas pesquisas de satisfação do cliente. O problema é que as pesquisas são enviadas pelo correio à casa dos clientes depois de eles terem feito uma compra, e nem todos respondem e enviam esses questionários de volta. O pessoal de vendas acha que quem está satisfeito geralmente não se preocupa em responder a pesquisa.
- *Irrelevância.* O desempenho dos consultores iniciantes baseia-se quase sempre no número de horas que podem ser cobradas dos clientes. No entanto eles não têm responsabilidade sobre as vendas e dependem totalmente de outros funcionários que captam o trabalho que eles realizam. As horas cobradas podem ser baixas porque os outros não estão fazendo um bom trabalho de venda, e não por não estarem tentando fazer o melhor trabalho possível.
- *Medidas de grupo, e não individuais.* Muitas organizações fazem julgamentos sobre o desempenho individual com base no desempenho do grupo. Por exemplo, você pode ser o melhor funcionário do seu departamento, mas, se o departamento não está atingindo os objetivos, a pontuação do seu desempenho individual será prejudicada.
- *Desonestidade.* Muitas organizações estão usando uma abordagem de feedback em 360 graus para medir o desempenho. Além dos supervisores, os subordinados diretos e colegas do funcionário também devem avaliar seu desempenho. Por motivos puramente egoístas, esses avaliadores podem não ser muito honestos. Por exemplo, talvez os subordinados diretos temam uma retaliação dos supervisores e os colegas se preocupem com a possibilidade de estar prejudicando frágeis relacionamentos ou de receber uma pontuação baixa quando suas tabelas forem entregues e chegar a hora de eles serem avaliados.

O problema é que, ao verem pouca ligação entre desempenho no trabalho e remuneração, os funcionários provavelmente vão se sentir menos motivados.

A psicologia da situação

Segundo o psicólogo Victor Vroom, a motivação dos funcionários depende de três fatores.[20] O primeiro é a *expectativa* (E). Aqueles com expectativa alta acreditam que, se trabalharem com afinco, atingirão sem dúvida um alto nível de desempenho. Aqueles com expectativa baixa acham que, mesmo que se dediquem, não serão capazes de alcançar um alto nível de desempenho.

O segundo fator se chama *instrumentalidade* (I), que é a relação entre desempenho e resultado. Os funcionários que atribuem um valor alto à instrumentalidade acreditam que há um forte vínculo entre alcançar um alto nível de desempenho e obter os resultados almejados, como um aumento, bonificações ou uma promoção. Aqueles que atribuem um valor baixo não acreditam que isso seja verdade.

O terceiro fator é a *valência* (V). Esse é o valor que as pessoas atribuem aos resultados que podem vir a obter. Alguns funcionários dão mais valor do que outros a certos resultados, como aumentos de salário e promoções.

A equação que combina esses três fatores é:

$$\text{Motivação no trabalho} = E * I * V$$

Isso significa que, se houver um vínculo fraco entre remuneração e desempenho no trabalho, a instrumentalidade reduzirá a motivação do funcionário.

SOLUÇÕES

Eis algumas sugestões que podem ajudar:

1. Esclareça aos funcionários sua filosofia de remuneração de acordo com o desempenho.

Há uma série de bons motivos para você NÃO querer vincular remuneração e desempenho. Por exemplo.

- Não há grande diferença no desempenho dos funcionários
- É difícil demais medir as diferenças de desempenho
- Não há dinheiro disponível suficiente para equiparar a remuneração dos funcionários ao desempenho médio ou acima da média
- Vincular remuneração e desempenho não é coerente com a filosofia da gerência

No entanto os funcionários geralmente partem do princípio de que aqueles com desempenho acima da média receberão aumentos maiores do que aqueles que têm um desempenho médio. No mínimo, a gerência precisa esclarecer logo de início se tem intenção de tentar vincular remuneração e desempenho.

2. Avalie os supervisores com base na habilidade em avaliar os subordinados.

Os supervisores muitas vezes sabotam os esforços da empresa para melhorar a remuneração dos funcionários com bom desempenho atribuindo pontuações altas a todos os membros da equipe. A gerência precisa analisar as pontuações dos supervisores e basear parte da remuneração deles na qualidade das avaliações que fazem dos funcionários.

3. Ensine os supervisores a falar sobre remuneração.

Muitos supervisores minam os esforços da organização para estabelecer um vínculo entre remuneração e desempenho dizendo coisas do tipo: "Eu gostaria que tivéssemos condições de pagar mais, mas tudo o que podemos fazer é aumentar seu salário em 5%." Em vez disso, eles deveriam estar dizendo: "Fico feliz em dizer que, graças a seu excelente desempenho no ano passado, aumentaremos seu salário em 5%." Os supervisores precisam aprender a comunicar apropriadamente aos funcionários que seu bom desempenho está sendo recompensado.

4. Use critérios objetivos de desempenho.

Em muitos lugares, a remuneração está atrelada à analise subjetiva dos supervisores. Essas avaliações geralmente são contaminadas por vários fatores, dentre os quais preferências pessoais, favoritismo e indulgência. Todas as tentativas devem ser feitas para basear as decisões sobre remuneração em critérios objetivos tais como vendas, assiduidade, reclamações, qualidade e produtividade.

Seja criativo. O fato de critérios objetivos não terem sido usados antes não significa que não possam ser introduzidos agora. Critérios úteis podem ser criados para vários índices de desempenho, como vendas, velocidade, erros, controle de custos, eficiência, queixas dos clientes, satisfação dos clientes internos e externos, qualidade e volume de produção. Certifique-se de que esses critérios sejam apropriados para avaliar o trabalho exercido e que não contenham fontes óbvias de contaminação, distorção, deficiência ou irrelevância.

5. Seja cauteloso ao usar feedback em 360 graus.

Receber feedback de colegas, subordinados e outras pessoas pode ser um exercício de desenvolvimento valioso para os funcionários. No entanto basear decisões como remuneração, promoções, punições e demissões nesse tipo de feedback é problemático. A motivação dos colegas e subordinados não é a mesma de um supervisor imediato que deve apresentar à organização uma avaliação de desempenho precisa.

6. **Use vários critérios em conjunto.**
Um tipo de critério de desempenho, como total de vendas individuais ou pontuações da supervisão, raramente fornece uma avaliação precisa do desempenho global. Vários tipos de critérios devem ser usados.

Conclusão

Em geral as pessoas querem ser remuneradas de acordo com a qualidade de seu desempenho no trabalho. Para que isso seja feito, é necessário que haja um programa de remuneração vinculada ao desempenho cuidadosamente construído, com critérios relevantes e comunicados com clareza aos funcionários.

24

4 em cada 10 funcionários dizem que os benefícios não satisfazem suas necessidades

O custo dos meus benefícios está devorando o meu salário

Minha mulher ganhou um aumento de 5% no ano passado, mas o valor das deduções relativas ao plano de saúde em seu contracheque também aumentou. O resultado: uma diminuição do salário líquido. Essa é uma frustração comum a muitos trabalhadores.

O problema para os empregadores

O custo da assistência médica, que subiu astronomicamente nas últimas décadas, está deixando muitas empresas em dificuldade. Há pouco tempo a General Motors divulgou uma perda no primeiro trimestre de 1,1 bilhão de dólares e explicou que o principal fator responsável por esse prejuízo havia sido o aumento nas despesas médicas de seus funcionários. A empresa revelou que as despesas com assistência médica chegaram a 1.525 dólares por carro produzido e que elas influem mais do que o aço no preço de um veículo.

As empresas reagiram ao forte aumento no custo dos benefícios, especialmente de assistência médica, da seguinte maneira:

- Forçando os funcionários a pagar mais pelo plano de saúde com o aumento da franquia e dos níveis de coparticipação
- Reduzindo os serviços cobertos pelo plano de saúde
- Aumentando as exigências para que se tenha direito à cobertura (por exemplo, elevando a carência para novos funcionários)
- Oferecendo planos de saúde aos funcionários, mas não aos seus dependentes

Um número cada vez maior de organizações está deixando de oferecer planos de saúde a seus contratados. Milhões de funcionários estão furiosos e acham que:

- Têm direito a um plano de saúde a ser oferecido pelo empregador
- Eles e seus dependentes deveriam ter cobertura plena
- O empregador deveria absorver a maior parte dos aumentos de custo, se não todos

A psicologia da situação

Os funcionários esperam receber benefícios de assistência médica dos empregadores. Consideram-na um direito adquirido. Frederick Herzberg chamaria esse tipo de benefício de um "fator higiênico", assim como a remuneração e as condições físicas de trabalho. Trata-se de algo que não consegue satisfazer nem motivar os colaboradores, porém, a ausência ou a redução dos benefícios pode gerar insatisfação ou reduzir a motivação. Apesar de saberem que os custos da assistência médica aumentaram muito, os funcionários consideram qualquer aumento de custo para eles ou qualquer redução de benefícios um confisco.

SOLUÇÕES

1. **Reavalie sua atual seguradora de saúde.**
Realize uma análise abrangente da oferta atual da empresa para ter certeza de que você tem a melhor cobertura possível com o menor custo.

2. **Explique aos funcionários o que eles realmente recebem pelo dinheiro que pagam.**
Alguns anos atrás, fiquei 10 dias no hospital por causa de um problema cardíaco. Recebi um ótimo atendimento em uma unidade de terapia intensiva cardiológica, fui examinado por vários especialistas de renome e submetido a dezenas de procedimentos caros. Nunca vi a conta e, realmente, não faço ideia do custo total da minha internação, mas imagino que tenha chegado a centenas de milhares de dólares. Se os funcionários conhecessem o custo real da assistência médica, talvez aceitassem melhor as deduções mensais em seus contracheques.

3. **Comunique quanto a organização está pagando pelo aumento dos custos.**
Muitas organizações não comunicam bem as informações sobre os aumentos de custos da assistência médica. Se as despesas com os benefícios serão divididas, os funcionários devem ser mantidos bem informados a respeito da cobertura, das negociações com a seguradora, dos aumentos de custo e do percentual do aumento que o empregador está pretendendo repassar para os funcionários.

4. **Crie extratos de compensação total.**
As organizações raramente recebem algum crédito dos colaboradores por arcar com a maior parte dos custos relativos aos benefícios. Isso se deve, em parte, à falta de comunicação. Extratos de compensação total mensais ou anuais podem ajudar os funcio-

nários a entender melhor o custo real de seus salários, bonificações e benefícios.

5. **Aumente a coparticipação em vez do desconto.**
O aumento dos níveis de coparticipação pode ajudar a poupar dinheiro tornando os funcionários mais responsáveis pelas despesas médicas. Muitas pessoas prefeririam esse tipo de aumento de custo a um aumento de suas contribuições mensais.

6. **Forneça opções.**
A seguradoras podem fornecer diversas opções de planos de saúde. Deixe que o funcionário escolha o seu de forma a atender melhor ao seu orçamento e à sua situação familiar.

7. **Promova a vida saudável.**
Os empregadores que promovem mudanças comportamentais positivas – tais como parar de fumar, fazer exercícios físicos e moderar o consumo de álcool – podem reduzir os custos médicos a longo prazo.

Conclusão

Os empregadores terão de usar várias abordagens criativas para reduzir o custo dos benefícios de saúde e a insatisfação dos funcionários a respeito das deduções. A fim de não levar a culpa por esses aumentos, a gerência deve reavaliar os planos de saúde, oferecer opções, estabelecer uma comunicação melhor com sua equipe a respeito da assistência médica e promover a vida saudável.

25

58% dos funcionários dizem que há poucas oportunidades de promoção em sua organização

É impossível ser promovido nesta empresa

Os integrantes do escalão mais baixo do corpo docente de uma pequena faculdade de ciências humanas na área rural da Nova Inglaterra estavam muito insatisfeitos. Apenas 14% achavam que existiam oportunidades de promoção na faculdade e somente 13% julgavam que os membros mais competentes do corpo docente eram promovidos. A instituição já tinha muitos professores com estabilidade no emprego que planejavam continuar trabalhando ali até se aposentar. Havia pouco espaço para que os outros fossem promovidos.

O problema para os empregadores

Os bons funcionários querem ser promovidos. Promoções significam mais dinheiro, mais prestígio e maior responsabilidade. Se um período longo demais transcorrer sem uma promoção, eles ficarão infelizes e poderão ir embora. Eis seis motivos pelos quais as empresas têm dificuldade em oferecer oportunidades de promoção:

1. Mais empresas estão contratando prestadores de serviço em vez de expandir o próprio quadro de pessoal, o que gera menos oportunidades de promoção.
2. Fusões e aquisições costumam gerar reduções de efetivo, e não promoções.
3. Um novo tipo de telhado de vidro está surgindo. Um grande número de nascidos na geração *baby boom* conquistou posições de gerência, permanece no emprego por mais tempo e, com isso, dificulta a ascensão de funcionários talentosos e mais jovens.
4. As organizações estão se tornando mais planas, limitando o número disponível de cargos de supervisão e gerência.
5. A promoção de funcionários exige uma remuneração maior. Isso pressiona o orçamento de muitas empresas.
6. Os jovens recém-formados no ensino superior entram para o mercado de trabalho com expectativas irreais a respeito do potencial de promoção.

A psicologia da situação

Os psicólogos Richard Steers, da Universidade do Oregon, e Lyman Porter, da Universidade da Califórnia, em Irvine, desenvolveram uma teoria segundo a qual dois fatores influenciam a possibilidade de os funcionários pensarem seriamente em deixar uma empresa caso o índice de promoções esteja baixo: as expectativas de promoção e o nível de contribuição percebido.[21]

Os profissionais têm expectativas diferentes em relação a promoções. Alguns começam no emprego com expectativas muito altas. Isso pode acontecer por causa de vários fatores, dentre os quais seu histórico de promoções em outros lugares, o sucesso nos estudos, o anseio por certo padrão de vida ou expectativas dos pais, amigos ou cônjuges. É mais provável que os funcionários com expectativas mais altas se decepcionem quando o índice de promoção não corresponde a seus anseios.

Eles também percebem de maneira diferente as próprias contribuições para a organização. Dois funcionários com o mesmo nível de habilidade, resultado profissional e desempenho podem avaliar de forma radicalmente diferente o próprio valor. Aqueles que têm uma autoavaliação mais alta ficarão mais decepcionados com um índice de promoção lento.

SOLUÇÕES

1. **Estabeleça expectativas realistas para os funcionários.**

O psicólogo John Wanous realizou uma pesquisa sobre os efeitos de previsões profissionais realistas em contraposição a previsões irrealistas durante as entrevistas com novos funcionários. Ele descobriu que aqueles aos quais é dito exatamente o que esperar, tanto positiva quanto negativamente, acabam se sentindo mais satisfeitos e têm menor probabilidade de deixar o trabalho do que os profissionais com previsões irreais. Wanous levantou a hipótese de que uma explicação realista do trabalho ajuda os indivíduos a tomar decisões melhores sobre a equiparação de suas expectativas com o que o emprego poderá lhes proporcionar.[22] Outro psicólogo, W.J. McGuire, afirmou que previsões realistas sobre o trabalho agem como uma "vacina" para os novos funcionários.[23] Essa dose de verdade os ajuda a lidar melhor com a realidade que vão enfrentar.

Antes de oferecer cargos a candidatos, diga com franqueza qual a possibilidade que eles têm de ser ou não promovidos em um, três e cinco anos. Além disso, seja sincero quanto à possibilidades de promoção durante avaliações de desempenho.

2. **Não deixe de indicar as oportunidades de aprimoramento.**

Se um supervisor diz a um funcionário "Seu desempenho é excelente e não há nada que eu possa sugerir para que você melhore", ele pode facilmente acreditar que é um forte candidato a uma promoção. Se não houver cargos disponíveis, ficará decepcionado. O desempenho no trabalho sempre pode ser aprimorado, mesmo no caso dos melhores colaboradores. Ressalte isso.

3. Promova os melhores.

Nossa pesquisa mostra que três em cada cinco funcionários acreditam que a empresa não promove as pessoas mais competentes. Nem é preciso dizer que eles ficam insatisfeitos e ressentidos quando acham que as pessoas erradas estão sendo promovidas. Certifique-se de promover apenas os mais merecedores.

4. Crie novos cargos.

Em algumas organizações, é possível oferecer mais minipromoções do que promoções plenas, como de programador júnior para programador sênior, de especialista em crédito I para especialista em crédito II ou de auxiliar de produção para chefe de equipe. Mas tome cuidado para não mudar apenas o nome do trabalho. Aumente as responsabilidades e a remuneração.

5. Ofereça promoções de caráter técnico.

Em muitas empresas, a única maneira de bons técnicos como engenheiros e programadores serem promovidos é aceitando um cargo de supervisor ou gerente. O problema é que eles talvez não tenham as habilidades necessárias para ser bem-sucedidos nessas funções. Crie uma hierarquia para as carreiras de caráter técnico a fim de poder dar a esses profissionais mais responsabilidades e remuneração sem forçá-los a se tornar supervisores.

6. Promova internamente.

Os funcionários ficam infelizes quando veem a empresa contratando novos trabalhadores para posições que, a seu ver, eles mesmos poderiam ocupar se tivessem sido promovidos. A adoção de uma política consistente de promoção interna sempre que possível pode aumentar o comprometimento dos colaboradores.

7. Transfira as pessoas. Pense em transferir os funcionários competentes que você não consegue promover para cargos diferentes, mesmo em outros setores, nos quais eles podem ter mais potencial de ascensão.

Conclusão

Obviamente, é importante manter na empresa os funcionários com melhor desempenho. Embora muitos deles possam merecer uma promoção, as oportunidades de ascensão muitas vezes são limitadas. As empresas devem estabelecer expectativas realistas para os novos contratados, certificar-se de que estão promovendo apenas os mais competentes e ter criatividade na hora de promover os profissionais e atribuir-lhes responsabilidades suplementares.

PARTE V

"Trabalho" deveria ser mais do que apenas uma palavra

26

24% dos funcionários não gostam do trabalho que executam

Odeio meu trabalho. Para mim, é apenas um ganha-pão

Nada me incomoda mais do que ouvir alguém falando o seguinte sobre o próprio trabalho: "É apenas um emprego." Ninguém deveria se sentir infeliz em relação a algo tão importante.

O que cada um faz para se sustentar sempre me fascinou. Aonde quer que eu vá, pergunto às pessoas do que elas gostam ou não no trabalho. Meu interesse tem um nível pessoal e também um nível profissional. Adoro o que faço e fico feliz quando alguém me faz perguntas a respeito.

No entanto, para minha surpresa e decepção, muita gente não gosta de falar sobre o próprio meio de vida. Algumas pessoas preferem falar de filhos, passatempos ou política, mas a maioria não quer mesmo tocar no assunto porque não gosta do trabalho que faz. Para elas, aquilo "é apenas um emprego" sobre o qual preferem não pensar quando estão em outra situação.

Uma noite, durante as festas de fim de ano, fui jantar na casa de um grande amigo. Eu não conhecia a maior parte de seus parentes e amigos. Como era de esperar, perguntei o que cada um deles fazia da vida. Um homem me disse que trabalhava com redes de informática numa conhecida cadeia de lojas de varejo. Perguntei do que ele gostava no trabalho. Ele disse: "Bem, é apenas um emprego." Quando tentei me aprofundar um pouco mais, ficou claro que ele não queria desenvolver muito o assunto, pois repetiu: "É apenas um emprego."

Muitas pessoas se sentem infelizes com o próprio trabalho. Para algumas, o motivo é a empresa ou seu supervisor, mas, para muitas, o problema é o trabalho em si. Elas fazem a mesma coisa há vários anos e estão simplesmente esgotadas. O trabalho perdeu o significado e elas não gostam mais de executá-lo.

Tive a oportunidade de realizar muitos workshops de recolocação, nos quais ajudo profissionais que acabaram de perder o emprego a descobrir o que querem fazer em seguida. Começo a sessão dando uma volta pela sala e pedindo que cada pessoa exponha seus desejos e aspirações. Em geral, cerca de metade delas diz que não tem certeza do que quer fazer, mas sabe o que não quer. Muitas falam em encontrar um tipo de trabalho totalmente diferente ou em transformar um hobby em um negócio rentável. No entanto estão preocupadas porque têm pouca experiência na nova área e talvez tenham de se contentar com uma remuneração mais baixa. Eu digo que, se é o que querem de verdade, devem tentar. Faça o que você gosta, siga sua paixão, e o dinheiro acabará aparecendo.

Eis alguns exemplos de pessoas que conheço que foram bem-sucedidas nessa transição. Na minha cidade, há um homem na faixa dos 65 anos que trabalhou a vida toda como supervisor de produção. Passou por várias empresas e, muitas vezes, se viu forçado a encontrar um novo emprego quando as empresas se transferiam ou faliam. Ele não aguentava mais ter de encarar aquela situação. O que queria mesmo fazer era abrir uma firma de reparos domésticos. Ele adorava trabalhar com as mãos e realizar pequenos projetos em casa. Logo descobriu que havia muitas pessoas precisando dos seus serviços, inclusive eu. Seguiu sua paixão e nunca foi tão feliz.

Também conheço um mago da informática que trabalhava como programador para uma empresa de desenvolvimento de softwares. Quando foi despedido, em vez de procurar outro emprego altamente técnico em programação, ele avaliou suas perspectivas e percebeu que o que mais lhe agradara em todas as ocupações que teve foi ensinar os outros a usar computadores. Abriu um negócio que ajuda indivíduos e pequenas empresas a comprar equipamentos, instalar softwares e utilizar programas básicos como processadores de texto e de planilhas. Ele adora o que faz e sua nova empresa está prosperando.

O problema para os empregadores

Funcionários infelizes são pouco produtivos e sugam a energia dos colegas. A gerência não pode ignorar esse problema.

As pessoas que gostam do próprio trabalho em geral são aquelas que realizaram escolhas ativas ao longo da carreira. Fizeram cursos em que aprenderam mais sobre assuntos do seu interesse e optaram por empregos nos quais puderam usar as habilidades e aptidões que valorizam. Por exemplo, quem é mais analítico resolve se tornar engenheiro, analista de sistemas, cientista ou técnico de manutenção. Essas pessoas nunca pensariam em trabalhar com assistência social ou psicologia.

Por outro lado, também há muitas pessoas que acabam trabalhando em determinado emprego ou tipo de organização sem nunca ter questionado se aquilo atende aos seus desejos. Por exemplo, em workshops de recolocação para profissionais do setor bancário, pergunto ao grupo: "Quantos de vocês cresceram dizendo a si mesmos 'O que realmente quero é ser bancário'?" Nunca vi ninguém levantar a mão. A maioria acabou trabalhando como bancário porque precisava de um emprego naquele momento, porque tinha um amigo empregado no banco ou porque respondeu a um anúncio no jornal – em outras palavras, por conveniência. E, também por isso, continuou no cargo. No final, esses indivíduos passaram a encarar o trabalho com desgosto, como "apenas um emprego".

Esse problema não afeta apenas as organizações. O fato de não gostar do próprio trabalho reduz o entusiasmo e piora a qualidade de vida dos funcionários.

A psicologia da situação

Diferentes tipos de pessoas têm visões muito distintas do significado do trabalho. Para algumas, o trabalho é meramente um meio para se atingir um fim. Elas estão interessadas em ganhar a maior quantidade possível de dinheiro no menor tempo. Para outras, trabalho significa ajudar os outros. Estas são atraídas por profissões como assistentes sociais, psicólogos e por cargos na área de saúde. Para outras pessoas, ainda, trabalho significa usar a criatividade. Elas podem se sentir atraídas por atividades relacionadas às artes. Para outras, trabalhar por uma causa em que realmente acreditam é essencial. Talvez optem por ingressar em uma organização sem fins lucrativos. Eu, por acaso, estou entre os que consideram a independência – trabalhar para mim mesmo – o critério mais importante para a escolha de um emprego.

O denominador comum para todas essas pessoas que gostam do que fazem é o fato de seu trabalho:

- Aproveitar plenamente suas habilidades e aptidões
- Desafiá-las
- Permitir que elas cresçam
- Possibilitar que se sintam bem-sucedidas

Quem diz que seu trabalho é apenas um ganha-pão está deixando de obter uma ou várias dessas recompensas intrínsecas.

SOLUÇÕES

1. Ajude os funcionários a ver a luz.

Os funcionários que agem mecanicamente e não se dedicam ao trabalho estão prestando um desserviço a si mesmos e a seus empregadores. Eles deveriam ser estimulados a se perguntar o que querem fazer de fato dentro daquela empresa ou até mesmo em um lugar diferente. Os programas de treinamento podem ajudar os profissionais a entender melhor suas possibilidades.

2. Enriqueça os empregos.

Encontre maneiras para introduzir mais daquilo que Herzberg chama de "fatores motivadores". Proporcionar mais desafios, chances de crescimento e responsabilidades aos funcionários pode ser rejuvenescedor.

3. Ofereça outras oportunidades.

Alguns funcionários podem ser "salvos" se você transferi-los para outros setores da organização ou treiná-los para que assumam funções diferentes.

4. Abra mão do seu pessoal.

Se os funcionários estão infelizes com o trabalho que estão realizando e você não tem como fornecer alternativas, estimule-os a sair. Faça isso de maneira positiva. Seja sincero com eles. Diga que você está vendo que estão insatisfeitos. Explique que, embora eles sejam funcionários excelentes e possam permanecer no atual emprego se quiserem, talvez tenha chegado a hora de seguirem adiante na carreira e explorar outras alternativas.

Conclusão

"É apenas um emprego" é uma postura inaceitável. Ninguém deveria aceitar um emprego pouco gratificante, e é comercialmente vantajoso para as empresas fazer todo o possível para recuperar o entusiasmo dos funcionários.

27

54% dos funcionários se sentem inseguros no emprego

Não tenho estabilidade no emprego

De tempos em tempos as manchetes da seção de economia dos jornais falam de aquisições de bilhões de dólares seguidas de demissões em massa. Ao mesmo tempo, os executivos recebem salários recorde e milhões de dólares em indenizações no caso de demissão.

Durante a recessão de 1993, eu trabalhava para uma empresa internacional de consultoria com 71 filiais, no luxuoso escritório de Wellesley Hills, Massachusetts. Era um funcionário dedicado e leal havia quatro anos. Minha função se resumia a negociar, vender e realizar pesquisas de opinião com funcionários em empresas da Nova Inglaterra.

A economia, porém, encontrava-se em declínio. As demissões aumentavam. As empresas da Nova Inglaterra reduziam as pesquisas de satisfação dos funcionários e não encomendavam o serviço a firmas de consultoria. Para completar, eu também estava perdendo meus aliados na firma. Meu melhor amigo na empresa, que havia me recrutado, percebeu os sinais de desastre e pediu transferência para um dos escritórios da empresa na Costa Oeste. Seu chefe, outro dos meus principais aliados, aceitou um emprego na sede.

Com minhas vendas diminuindo progressivamente, imaginava que meus dias estivessem contados. Fiquei paralisado e com medo. Nenhum dos meus esforços intensivos de marketing estava gerando novos negócios. Não havia ninguém no escritório a quem eu pudesse recorrer. Eu ia trabalhar todo dia com um aperto no estômago. Tinha dificuldade para dormir e engordei 7 quilos.

Em uma tarde memorável, meu chefe me perguntou: "Você tem um minuto?" Eu sabia que havia chegado a minha hora. Ele disse: "Bruce, as pessoas não estão comprando o que você está vendendo. Vamos ter de demiti-lo." Embora soubesse que aquilo fosse acontecer, fiquei arrasado.

Eu certamente não tinha a mesma opinião na época, mas, em retrospecto, sei que aquela foi a melhor coisa que aconteceu na minha vida.

O problema para os empregadores

Os funcionários são peões no cruel jogo de xadrez de demissões, fusões, aquisições e reestruturações corporativas. Eis como eles reagem e como as consequências negativas de suas ações afetam os empregadores:

1. *Mais de um emprego.* Os funcionários percebem que não podem apostar todas as fichas no mesmo cavalo, então arrumam um segundo emprego ou aceitam trabalhos como freelancer. O resultado é que os empregadores não conseguem mais receber atenção exclusiva.

2. *Retraimento psicológico.* Muitos funcionários irão se manter indiferentes aos seus pedidos de trabalho em equipe e comprometimento com os objetivos da organização. Em vez de colaborar, desenvolverão uma postura do tipo "o que eu ganho com isso?". As motivações tradicionais, como a ascensão dentro da empresa, não são mais tão eficazes quanto costumavam ser.

3. *Adoção de um relacionamento de antagonismo.* Os funcionários não confiam mais na alta gerência como antigamente. Sua lealdade e seu comprometimento com o local de trabalho se tornaram frágeis, e suas prioridades parecem estar em conflito com os objetivos da empresa.

4. *Planejamento constante de rotas de fuga.* É muito difícil motivar colaboradores que prefeririam estar em outro lugar. Eles aperfeiçoam suas habilidades não para ajudar o atual empregador, mas para conseguir um novo emprego. Outros estarão constantemente tramando para roubar clientes e abrir suas próprias empresas.

A psicologia da situação

Segundo Frederick Herzberg, a estabilidade profissional não é capaz de aumentar a satisfação no trabalho, mas a falta de segurança causa insatisfação.[24] Os funcionários que vivem sob o risco de serem demitidos se sentem infelizes e, portanto, carecem de motivação para ter um bom desempenho.

SOLUÇÕES

Os empregadores, é claro, não podem garantir a segurança no emprego. Na verdade, o emprego *deles* também não oferece estabilidade. Mas eles podem administrar a insegurança fazendo o seguinte:

- Comunicando-se com sinceridade
- Ajudando os funcionários a cuidar da própria carreira a longo prazo
- Desenvolvendo diferentes métodos para obter o comprometimento e a lealdade deles

Eis algumas sugestões específicas:

1. Promova ideais e valores em vez de objetivos empresariais.
A gerência pode obter um forte nível de comprometimento e motivação promovendo objetivos socialmente (e não apenas empresarialmente) desejáveis. Os funcionários se sentem motivados por grandes metas, como tornar o mundo um lugar melhor ou melhorar a saúde da comunidade.

2. Não negue a realidade da situação.
Os empregadores não devem tentar esconder que demissões e reestruturações fazem parte da realidade econômica atual. Ao dizer aos funcionários que seus empregos são vitalícios ou que estarão seguros por muitos anos, você estará apenas diminuindo a própria credibilidade.

3. Ajude os funcionários a crescer.
A criação de um ambiente no qual treinamento e aprimoramento de habilidades são estimulados ajuda qualquer organização. É verdade que, com mais habilidades, alguns profissionais terão mais facilidade para achar bons empregos em outros lugares. Da mesma maneira, porém, os demais poderão se tornar colaboradores mais valiosos.

Conclusão

A insegurança no emprego veio para ficar, mas os empregadores têm como adotar medidas proativas para ajudar os funcionários a lidar com esse cenário. Promover valores sociais, ser sincero com a equipe e oferecer assistência profissional de longo prazo são ações que podem ser úteis.

28

38% dos funcionários dizem que não há um bom equilíbrio entre seu trabalho e sua vida pessoal

Não tenho tempo para mim nem para minha família

Prestei consultoria para uma firma de varejo muito ágil e rentável que terceirizava a produção de suas roupas em Hong Kong, Taiwan, Sri Lanka e outros locais distantes com baixo custo de mão de obra. A equipe, formada em sua maioria por mulheres, era esforçada, qualificada, competitiva e estava ascendendo socialmente. Eles davam duro, competindo por promoções e aumentos salariais. Atuavam em um ambiente de grande pressão com prazos que viviam mudando, preocupação constante com custos e resistência diária de clientes e fabricantes.

A equipe estava sob muito estresse, tentando equilibrar trabalho e responsabilidades familiares. Muitos profissionais precisavam viajar com frequência à Ásia e tinham longas jornadas. Quando não estavam no escritório, o fuso horário entre a empresa na Costa Leste e os fabricantes asiáticos muitas vezes exigia que eles recebessem telefonemas em casa de madrugada. Muitas das mulheres tinham filhos pequenos ou estavam pensando em constituir família.

Vários funcionários só se queixavam da falta de equilíbrio em suas vidas com os colegas. Poucos queriam pôr em risco a possibilidade de uma promoção manchando a credibilidade pessoal que haviam lutado tanto para conseguir. Tinham plena consciência de que a alta gerência tinha jornadas de trabalho igualmente longas e não se queixava.

A pesquisa que realizei revelou a infelicidade coletiva da equipe. O desafio da alta gerência seria reagir àquelas preocupações dos funcionários sem sacrificar a produtividade da empresa.

O problema para os empregadores

O desequilíbrio entre trabalho e vida pessoal é um dilema tanto para os funcionários quanto para os empregadores. Para os funcionários, soluções como trabalhar menos horas ou assumir um emprego menos exigente geralmente implicam grandes sacrifícios, dentre os quais, um salário menor, um trabalho menos significativo e oportunidades limitadas de promoção.

Para os empregadores, oferecer aos funcionários mais folgas e um ritmo de trabalho mais lento muitas vezes significa afetar adversamente o resultado financeiro. Capitalistas de risco, acionistas e clientes têm pouca tolerância em relação à redução de velocidade e de qualidade que pode resultar de um ambiente de trabalho mais relaxado.

Eis alguns motivos que deixam os funcionários insatisfeitos com o desequilíbrio entre vida profissional e pessoal.

1. *Longas jornadas de trabalho.* Uma pesquisa encomendada pelo site de viagens Expedia.com em 2006 revelou que mais de um terço dos adultos empregados nos Estados Unidos (38%) diz que trabalha mais de 40 horas por semana.[25]

2. *Mudanças demográficas.* Segundo o Centro para o Equilíbrio entre Trabalho e Família da Employment Policy Foundation, 66% das famílias de trabalhadores eram constituídas por casais

com apenas uma fonte de sustento econômico em 1940. Em 2006, eram 25% e, em 2030, a expectativa é de que esse número caia para 17%.[26] Isso significa que, hoje, na maioria das famílias, não há ninguém em casa durante o dia para resolver problemas, cuidar das crianças ou realizar tarefas rotineiras.

3. *Mais tempo no carro.* A expansão dos subúrbios resultou em viagens mais longas entre o trabalho e a casa. Também impediu as crianças de voltar da escola para casa andando ou de ir caminhando até as atividades extras. Elas precisam ser levadas de carro.

4. *Deterioração dos limites entre trabalho e casa.* Secretária eletrônica, e-mail, telefones celulares e laptops tornaram o escritório onipresente. Não conseguimos separar as coisas.

5. *Maior pressão no trabalho.* A segurança no trabalho é, atualmente, um paradoxo. Os funcionários acham que precisam trabalhar mais horas para impressionar os chefes e manter o emprego.

6. *Reações inadequadas dos empregadores.* Na verdade, muitos empregadores progressistas tornaram o problema ainda pior fornecendo refeições após o expediente e serviços como lavanderia. Embora as intenções fossem boas, esses esforços só facilitaram para os funcionários a realização de jornadas de trabalho mais longas.

A psicologia da situação

Muitos funcionários estão insatisfeitos com o equilíbrio entre trabalho e vida pessoal porque sentem que lhes falta controle sobre sua jornada de trabalho. Como mencionei antes, eles têm pouca percepção de controle. Eles acham que não têm poder para decidir livremente quando trabalhar ou não. Isso aumenta o estresse no trabalho.

Em um relatório publicado pela Rede Sloan de Pesquisa sobre Trabalho e Família do Boston College, as psicólogas Allyson

McElwain e Karen Korabik, da Universidade de Guelph, resumiram a literatura sobre o equilíbrio entre trabalho e família.[27] Elas disseram que:

- O conflito trabalho-família ocorre por causa de um tipo específico de estresse no qual dois conjuntos de pressões ocorrem simultaneamente, o que torna difícil lidar com ambos
- Para alguns, o trabalho interfere na família e, para outros, a família interfere no trabalho
- Muitos funcionários se sentem culpados (isto é, têm sentimentos de remorso e de responsabilidade) porque acham que estão agindo de forma incoerente com seus princípios

SOLUÇÕES

Os funcionários definem a harmonia entre trabalho e vida pessoal de várias maneiras diferentes. Para alguns, 80 horas de trabalho por semana proporcionam o equilíbrio desejado. Para outros, 40 horas complicam a vida pessoal. Os profissionais muitas vezes selecionam carreiras e empresas específicas com base no tipo de equilíbrio que querem alcançar.

Partindo da compreensão dessas diferenças, as organizações podem ajudar os funcionários a conquistar uma proporção trabalho-vida pessoal mais confortável de diversas maneiras:

1. **Forneça flexibilidade.**

Várias empresas dedicam muito espaço nos manuais de conduta a uma tentativa de definir cuidadosamente assuntos como jornada de trabalho, política de folgas e penalidades para atrasos. Isso apenas exacerba o problema do equilíbrio trabalho-vida pessoal. Os funcionários e os supervisores passam a se comportar como os advogados que procuram o tempo todo distorcer a regra para acomodar o que acreditam que seja a coisa certa.

As organizações devem se esforçar para criar ambientes de trabalho que forneçam aos funcionários a flexibilidade diária de que eles precisam para gerir os outros aspectos de sua vida. As regras de trabalho não escritas se tornam tão importantes quanto as escritas. Por exemplo, os colaboradores que geralmente têm longas jornadas e trabalham nos fins de semana deveriam ter a liberdade de chegar atrasados, sair cedo ou tirar folga no meio do dia.

Existem muitos arranjos diferentes de trabalho flexível. O horário flexível tradicional, por exemplo, permite que os funcionários variem a cada dia o horário de começo e fim do expediente. Uma semana de trabalho comprimida possibilita que os profissionais trabalhem mais de oito horas por dia, permitindo, em contrapartida, que eles trabalhem menos dias por semana. E o horário flexível diário permite que os funcionários trabalhem em horários diferentes a cada dia. O Instituto de Família e Trabalho do Boston College relata que os funcionários que têm acesso a arranjos flexíveis de trabalho estão muito mais satisfeitos com a própria vida e têm menos conflitos entre emprego e vida familiar do que os que não têm acesso a tais arranjos.[28]

A possibilidade de ter horários flexíveis permite que as pessoas maximizem o controle do tempo e do espaço. Isso não apenas reduz a ansiedade geral, mas dá a elas a oportunidade de alcançar um equilíbrio maior participando de eventos familiares, indo a uma consulta médica durante o dia ou até mesmo voltando para casa após o almoço para tirar um cochilo.

2. Eduque os supervisores.

Quem acaba criando e aplicando as políticas de horário de trabalho são os supervisores da linha de frente. Em vez de seguir diretrizes escritas, eles deveriam aprender a usar o bom senso para tomar decisões desse tipo.

3. **Faça com que o equilíbrio seja valorizado na sua empresa.**
No último ano, trabalhei com várias organizações que deixam claro para os funcionários e candidatos a emprego que o equilíbrio trabalho-vida pessoal é um valor fundamental. Elas fornecem benefícios excelentes e flexibilidade no trabalho. Às 17h, a equipe recebe permissão para ir embora – na verdade, é encorajada a fazê-lo. Essas empresas não pagam os salários mais altos do mercado, mas seus funcionários têm um alto nível de comprometimento e estão dispostos a fazer sacrifícios no contracheque para ter um estilo de vida melhor.

4. **Reduza a ineficiência.**
Nossa pesquisa mostra que mais da metade dos funcionários acha que o trabalho em seu departamento é malconduzido. A ineficiência organizacional faz com que os profissionais tenham jornadas de trabalho desnecessariamente longas. Envolva-os na identificação e na implementação de soluções.

5. **Mostre exemplos da alta gerência.**
Os funcionários muitas vezes seguem o exemplo dos integrantes do mais alto escalão da organização. Se eles são workaholics, o restante da organização vai se tornar igualmente compulsivo. Se eles se esforçam para alcançar certo equilíbrio em suas vidas, os demais farão o mesmo.

Conclusão

A gerência deve dar o exemplo e usar o bom senso em vez de regras rígidas no intuito de estabelecer um ambiente que permita aos funcionários criar um equilíbrio saudável entre trabalho e vida pessoal. Além de possível, costuma ser bom para os negócios.

29

38% dos funcionários acham que o trabalho não proporciona uma forte sensação de realização pessoal

Sinto-me preso. Gostaria de trabalhar por conta própria

Em 1993, quando eu trabalhava em uma grande firma internacional de consultoria e meu chefe disse "Bruce, vamos ter de despedi-lo", enfrentei emoções conflitantes. Por um lado, fiquei nervoso em relação ao futuro e ao sustento da minha família. Por outro, senti um forte alívio. Eu não teria mais de me preocupar em acumular horas extras, impressionar os superiores e lidar com a política interna.

Além disso, tive uma sensação de poderosa emancipação. Para mim, perder o emprego foi como a cena de ...*E o vento levou* na qual Scarlett O'Hara volta após a Guerra Civil Americana para Tara, a linda fazenda sulista em que havia crescido. O exército Confederado havia usado a mansão como quartel-general. Toda a mobília, as obras de arte e, é claro, os escravos, haviam desaparecido. Seu pai enlouquecera e vagava sem rumo pela propriedade. Ela estava totalmente desnorteada. Não havia comida na casa e ela estava com fome. Scarlett então sai pelos campos, que já haviam sido colhidos, enfia as mãos na terra, pega uma raiz, dá uma mordida e grita em direção ao céu: "Deus é testemunha de que eles não vão me derrotar. Vou superar isso e, quando tudo tiver terminado, nunca mais vou passar fome outra vez, nem eu nem minha família. Mesmo que eu tenha de mentir, roubar, trapacear ou matar."

Era assim que *eu* me sentia. Eu estava determinado a encontrar uma maneira de abrir minha própria empresa de consultoria a fim de sustentar minha família, nunca mais ter de me preocupar em ser demitido, assumir o controle do meu próprio destino, prosperar ou afundar com base nas minhas habilidades, e me alegrar por causa das minhas realizações, e não por causa da minha posição na avaliação de desempenho.

Muitos anos mais tarde, sinto-me pessoalmente realizado todos os dias. Quando recebo uma ligação, não atendo o telefone de uma organização. Atendo o *meu* telefone, que está tocando por *minha* causa. Ao que parece, não estou sozinho. Segundo estimativas do U.S. Census Bureau, em 2004, 10,4 milhões de trabalhadores americanos haviam optado por ser autônomos em vez de trabalhar para uma empresa.[29]

O problema para os empregadores

Muitos funcionários olham para aqueles anos de serviço dedicados a uma empresa e dizem: "Meu esforço não resultou em nada." Falta-lhes uma forte sensação de realização pessoal. Eles se sentem presos ao emprego, mas não querem outra colocação. O que realmente desejam é abandonar os grilhões da rotina corporativa e começar a trabalhar por conta própria. Sonham em abrir seu próprio negócio ou firma de consultoria, mas sentem medo. Temem assumir o risco de deixar a segurança do emprego. Muitos racionalizam que vão dar esse salto quando os filhos tiverem se formado na faculdade, quando o financiamento da casa estiver quitado ou quando tiverem poupado dinheiro suficiente. Durante os momentos de folga, ficam apenas imaginando como tudo poderia ser.

O desejo que muitos funcionários sentem de trabalhar por conta própria é um problema para as organizações. Eles têm uma valiosa energia que não é utilizada, e, em vez de fornecer criatividade e entusiasmo à empresa, acabam sugando a energia dos outros.

A psicologia da situação

A teoria da aprendizagem social de Julian Rotter explica por que as pessoas se sentem presas ao próprio emprego. Essa teoria sugere que os indivíduos têm percepções diferentes do impacto que eles mesmos exercem em seu ambiente.[30] Seu conceito central é a escala de *"locus* de controle". Quem tem uma personalidade que se situa na extremidade mais externa dessa escala acha que os acontecimentos em sua vida são resultado do acaso, de eventos que estão fora de seu controle direto. Levados ao extremo, esses indivíduos são fatalistas. Na outra extremidade da escala estão os "internalistas". Eles acreditam que seu destino é amplamente determinado por suas habilidades, aptidões e ações.

Os indivíduos que têm um *locus* de controle mais externo se sentem impotentes para largar o emprego. Eles não acreditam que realmente *podem* causar um grande impacto em seu próprio destino. Se sonham com a abertura do próprio negócio, acham que esta só aconteceria por meio de uma série de eventos fortuitos. Por outro lado, aqueles com um *locus* de controle interno tendem a acreditar que podem assumir riscos e que serão capazes de controlar o próprio futuro. São eles que têm maior probabilidade de deixar um emprego para trabalhar por conta própria.

SOLUÇÕES

Aqui estão várias maneiras de as organizações utilizarem o espírito empreendedor dos funcionários e lhes proporcionar uma sensação de realização:

1. Inicie um programa de empreendedorismo interno.

Existem programas de empreendedorismo interno que fornecem aos funcionários com potencial o apoio financeiro e emocional necessários para que eles lancem um novo negócio dentro da própria organização. Por exemplo, digamos que um químico entusiasta em um laboratório farmacêutico descubra uma substância nova e promissora, que não esteja relacionada ao tipo de medicamento que a empresa está produzindo atualmente. Em vez de correr o risco de vê-lo ir para outro lugar ou abrir seu próprio negócio, eles podem financiar sua nova empresa. Outro exemplo seria um especialista em pedidos de reembolso médico que trabalha em uma pequena clínica e pensa: "Posso ganhar mais dinheiro prestando serviço a outras clínicas." Se a ideia for vantajosa, a clínica poderá financiar esse novo negócio para se tornar prestadora de serviço para outras organizações.

Essa pode ser uma situação proveitosa tanto para o profissional quanto para a organização. Evita que ele saia e ainda possibilita um ótimo retorno financeiro se o novo negócio for bem-sucedido. O funcionário terá a chance de lucrar financeiramente e, ao mesmo tempo, obter uma forte sensação de realização pessoal.

2. Permita que os funcionários trabalhem meio expediente.

Em vez de perder colaboradores que querem abrir seus próprios negócios em outro ramo, ofereça a eles a oportunidade de trabalhar meio expediente. Assim, eles terão uma rede de proteção e a organização talvez nem venha a ser prejudicada, já que muitos funcionários conseguem fazer em meio expediente a mesma quantidade de trabalho que faziam quando trabalhavam em tempo integral.

Conclusão

Os funcionários que estão ansiosos para trabalhar por conta própria ficam ressentidos porque a gerência não permite que eles realizem seus sonhos. As organizações devem pensar em ajudá-los a iniciar um empreendimento dentro da própria empresa ou oferecer-lhes um emprego de meio expediente.

30

38% dos funcionários não se sentem comprometidos com sua organização

Se minha empresa não está comprometida comigo, por que devo me comprometer com ela?

Um amigo meu é dono de uma pequena empresa familiar de distribuição de peças automotivas. Ele emprega cerca de 30 pessoas. Os funcionários recebem pedidos dos clientes, encomendam peças aos fornecedores, fazem as entregas e a contabilidade. Não é um trabalho glamouroso, e alguns dos profissionais poderiam obter um nível melhor de remuneração e de benefícios se conseguissem uma colocação em uma empresa maior.

Você deve achar que a rotatividade de mão de obra dele é alta, mas não é. Meu amigo raramente perde alguém. O tempo de casa médio é superior a 15 anos. Por quê?

Dando continuidade à tradição iniciada por seu pai, ele trata os funcionários com justiça e lealdade. Oferece plano de saúde e previdência privada. Se um deles tem um problema pessoal ou financeiro, recebe sua ajuda. Se a empresa enfrenta um ano ruim, ninguém perde o emprego. Se os negócios andam devagar, ele leva para casa menos dinheiro para que os funcionários recebam o contracheque em dia. Ele os trata com respeito e os conhece como pessoas, não apenas como empregados.

Sabemos, porém, que não é isso o que acontece na maioria das empresas, que são desleais com os funcionários, e vice-versa. Essa se tornou a regra. Todo dia ouvimos falar de grandes corporações demitindo milhares de trabalhadores, reduzindo os benefícios de assistência médica e eliminando planos de previdência falidos.

Passamos a acreditar que:

- A lealdade é uma ideia fora de moda, que se tornou irrelevante
- A única coisa que realmente importa no mundo do trabalho é o dinheiro
- Ser leal ao empregador é uma estratégia tola de carreira
- Ser leal aos funcionários é impraticável na economia atual

O problema para os empregadores

A rotatividade de funcionários é extremamente dispendiosa para as organizações, correspondendo às vezes a 150% ou mais do salário anual de um colaborador. Os custos financeiros incluem a produtividade perdida enquanto as posições continuam vagas, bem como os custos de recrutamento, contratação e treinamento de novos trabalhadores. Também há custos mais sutis, dentre os quais o menor comprometimento dos colegas mais próximos da pessoa que foi embora e a perda do espírito de equipe e da camaradagem, uma vez que o grupo foi desfalcado.

A psicologia da situação

Lembre-se de que a teoria da equidade afirma que os indivíduos tentam manter um equilíbrio entre sua contribuição para o trabalho (por exemplo, habilidades, conhecimento, esforço e comprometimento com o empregador) e a recompensa que recebem do trabalho (por exemplo, remuneração e lealdade). Quando esse equilíbrio é rompido, as pessoas muitas vezes tentam corrigir a situação reduzindo sua contribuição. Elas diminuem seu comprometimento com a organização quando acham que não há comprometimento em relação a elas por parte do empregador.

SOLUÇÕES

Será que os pensamentos a seguir são meras relíquias do passado ou ainda têm seu lugar no cruel mundo atual?

- Se eu for leal à minha empresa, minha empresa será leal a mim
- Desejo que minha empresa, assim como minha família, seja uma extensão de quem eu sou
- Quero olhar em retrospecto para minha carreira e me sentir bem a respeito de todos os anos que dediquei a esta empresa
- Prezo as pessoas com quem trabalho
- Realmente acredito no que esta empresa representa e permanecerei aqui tanto nos bons quanto nos maus momentos

Da mesma maneira, será que os pensamentos a seguir, que os empregadores tinham em relação à lealdade aos funcionários, ainda são relevantes hoje?

- Se formos leais aos nossos funcionários, eles serão leais a nós
- Queremos ser uma grande família feliz na qual todos estão concentrados no mesmo objetivo
- Valorizamos o tempo de serviço e recompensaremos aqueles que ficarem conosco
- Forneceremos bons benefícios de previdência privada àqueles que mantiverem sua lealdade à empresa
- Nosso pessoal é nosso ativo mais valioso
- Investimos muito em nossos funcionários. Eles têm um conhecimento valioso a respeito da nossa história, dos nossos clientes e

dos nossos produtos e serviços. Precisamos mantê-los conosco para capitalizar nosso investimento

Se você e sua organização ainda concordam com essas opiniões, eis o que pode ser feito:

1. **Resista à tendência predominante.**
Torne-se um dissidente no seu ramo. Deixe que todos saibam que, ao contrário dos outros empregadores, você valoriza e retribui a lealdade dos funcionários. Ofereça planos de previdência privada, benefícios generosos e considere contratos de emprego de longo prazo. Ouse ser diferente porque você sabe que esse é o caminho certo e que surtirá um efeito positivo na sua empresa.

2. **Reconsidere os fatores econômicos.**
Você pode estar imaginando se tem como se dar ao luxo de fazer isso. Talvez não pareça funcional, mas é possível:

- O custo da rotatividade da mão de obra é muito alto. Encontrar substitutos e treinar recém-contratados são atividades caras
- O moral e a produtividade são afetados quando os colaboradores estão constantemente pensando em sair da empresa
- Seus funcionários estarão dispostos a receber uma remuneração menor se considerarem os benefícios, a previdência privada e outras garantias

3. **Faça da lealdade aos funcionários um valor fundamental da sua empresa.**
Raramente vemos "Lealdade aos funcionários" entre os valores de uma organização. Se você acha que esse é um valor importante, inclua-o na sua lista. Todas as decisões estratégicas da empresa devem ser tomadas levando-se em consideração esse princípio fundamental.

4. Esteja disposto a fazer sacrifícios.

A fim de manter a lealdade dos funcionários, você talvez precise fazer sacrifícios como:

- Desacelerar o crescimento da empresa até um nível mais controlado
- Estabelecer limites aos aumentos salariais anuais
- Internalizar, em vez de terceirizar trabalho
- Investir na retenção dos funcionários

Conclusão

A lealdade aos funcionários se tornou uma relíquia esquecida em boa parte do mundo do trabalho. As coisas não têm de ser assim. Na verdade, ao fazer da lealdade um valor da sua empresa, você poderá melhorar o resultado financeiro a longo prazo.

Epílogo: Entre em ação

O que você pode fazer se os funcionários na sua organização estão infelizes e o odeiam? Alguns gerentes não se importam com isso. Acham que os subordinados são descartáveis e secundários. Muitos outros não fazem nada a respeito porque se sentem impotentes para resolver o problema. Partem do princípio equivocado de que tudo o que os colaboradores querem é mais dinheiro. Como não estão dispostos ou não têm condições de pagar mais, simplesmente ignoram os sinais de contrariedade.

No entanto posso citar muitos exemplos de empresas que conseguiram reduzir a insatisfação dos funcionários. Elas provaram que responder às preocupações de seu pessoal é uma estratégia eficaz. Aqui estão várias sugestões de medidas que *você* pode adotar em seu local de trabalho:

1. *Ouça os funcionários*. Identifique os problemas reais organizando grupos de discussão ou realizando pesquisas. O uso de um facilitador externo ou de uma empresa de recursos humanos pode ajudar a aliviar a preocupação dos funcionários em relação ao anonimato.

2. *Envolva os funcionários no desenvolvimento de soluções*. As empresas mais bem-sucedidas na resposta às preocupações dos funcionários os envolvem no planejamento de ações. Eles podem desenvolver soluções que nunca passariam pela cabeça da gerência.

3. *Comece com coisas pequenas e grandes coisas acontecerão.* Prestei serviços para muitas organizações nas quais a gerência não sabia como começar a resolver os problemas de insatisfação dos trabalhadores. Diante desse quadro, decidiam se concentrar em uma ou duas áreas. Por exemplo, uma fabricante de equipamentos eletrônicos decidiu garantir que as avaliações de desempenho fossem realizadas dentro do prazo. Uma seguradora adotou o horário flexível. Uma empresa varejista instituiu reuniões informativas trimestrais com o presidente e a equipe inteira. Em todos esses casos, a resposta a apenas uma preocupação importante causou um grande impacto positivo no moral das pessoas, interrompendo as queixas não apenas sobre aquela questão específica, mas também sobre muitas outras.

❖ ❖ ❖

Se você acha que existe algo errado, é seu dever entrar em ação e procurar uma solução. Continuar administrando seus funcionários da mesma maneira fará com que você alcance os mesmos resultados. Eles continuarão a ficar ressentidos e a odiá-lo. A partir de hoje, decida que você vai mudar sua abordagem.

A redução da infelicidade dos colaboradores não é boa apenas para os negócios, mas para todos nós. Eles empregam a maior parte da vida ativa no trabalho. Não faz sentido proporcionar um ambiente no qual eles podem se sentir apoiados, respeitados e satisfeitos?

Notas bibliográficas

Capítulo 1

1. P.G. Zimbardo e G. White, Stanford Prison Experiment Slide-Tape Show (Universidade Stanford, 1972): prisonexp.org.

2. David Gershaw, Jiskha Homework Help: jiskha.com/social_studies/psychology.

Capítulo 2

3. K.K. Smith, "A Critical Paradox for Community Psychologists: The Phenomenon of Mirroring", apresentado na conferência da Sociedade Psicológica Australiana, Melbourne, Victoria, 1975.

Capítulo 4

4. W.F. Whyte, "Skinnerian Theory in Organizations", *Psychology Today*, abril de 1972, pp. 67-68.

5. B.M. Bass e J.A. Vaughan, *O aprendizado e o treinamento na indústria* (São Paulo: Atlas, 1972).

Capítulo 5

6. J.S. Adams, "Toward an Understanding of Inequity", *Journal of Abnormal Psychology*, 67 (1963), pp. 422-436.

Capítulo 6

7. K.K. Smith, "An Intergroup Perspective on Individual Behavior". In J.R. Hackman, E.E. Lawler e L.W. Porter (org.), *Perspectives on Behavior on Organizations* (Nova York: McGraw-Hill, 1977), pp. 359-372.

8. R. Rosenthal e L. Jacobson, *Pygmailion in the Classroom: Teacher Expectation and Pupils' Intellectual Development* (Nova York: Rinehart and Winston, 1968).

Capítulo 7

9. 2005 Electronic Monitoring & Surveillance Survey: "Many Companies Monitoring, Recording, Videotaping – and Firing – Employees". Estudo patrocinado pela American Management Associatin e o ePolicy Institute. Relatório apresentado em 18 de maio de 2005: amanet.org/press/amanews/ems05.htm.

Capítulo 10

10. B.L. Katcher, *The Psychological Experience of Leaving a Job*, dissertação de doutorado não publicada (Universidade de Maryland, College Park, 1983).

11. R.J. House, "A Path Goal Theory of Leader Effectiveness", *Administrative Science Quarterly* 16, 3 (setembro de 1971), pp. 321-338.

12. E.A. Locke, "The Supervisor as 'Motivator': His Influence on Employee Performance and Satisfaction". In R.A. Steers e I.W. Porter (org.), *Motivation and Work Behavior* (Nova York: McGraw-Hill, 1975), pp. 360-372.

Capítulo 14

13. A.H. Maslow, *Motivation and Personality* (Nova York: Harper, 1954).

14. F. Herzberg et al., *Job Attitudes: Review of Research and Opinion* (Pittsburgh: Psychological Service of Pittsburg, 1957).

Capítulo 15

15. L. Festinger, *Toeria da dissonância cognitiva* (Rio de Janeiro: Psyche, 1975).

Capítulo 16

16. E.E. Jones e R.E. Nisbett, "The Actor and the Observer: Divergent Perceptions of the Causes of Behavior". In *Attribution: Perceiving the Causes of Behavior* (Nova York: General Learning Press, 1971).

Capítulo 17

17. S. Milgram, "Behavioral study of obedience", *Journal of Abnormal and Social Psychology* 67 (1974), pp. 371-378.

Capítulo 19

18. I. Janis, *Groupthink* (Boston, EUA: Houghton Mifflin, 1972).

Capítulo 20

19. F. Herzberg et al., *Job Attitudes: Review of Research and Opinion* (Pittsburgh: Psychological Service of Pittsburgh, 1957).

Capítulo 23
20. V.H. Vroom, *Work and Motivation* (Nova York: Wiley, 1964).

Capítulo 25
21. S.M. Steers e L.W. Porter, *Motivation and Work Behavior* (Nova York: McGraw-Hill, 1975).

22. J.P. Wanous, *Organizational Entry: Recruitment, Selection and Socialization of Newcomers* (Reading, EUA: Addison-Wesley, 1980).

23. W.J. McGuire, "Inducing resistance to persuasion". In L. Berkowitz (org.), *Advances in Experimental Social Psychology*, Volume III (Nova York: Academic Press, 1964).

Capítulo 27
24. F. Herzberg et al. *Job Attitudes: Review of Research and Opinion* (Pittsburgh: Psychological Service of Pittsburgh, 1957).

Capítulo 28
25. "Expedia.com Survey Reveals Vacation Deprivation Among American Workers Is at an All-Time High", PRNewswire-FirstCall, 23 de maio de 2006: http://biz.yahoo.com/prnews/060523/sftu098.html?.c=56.

26. Rebecca Clay, "Making Working Families Work", APA Online, Volume 36, n. 11: http//www.apa.org/monitor/dec05/work.html.

27. A.K. McElwain e K. Korabik, "Work-Family Guilt". Verbete da Sloan Work and Family Encyclopedia: http://wfnetwork.bc.edu/encyclopedia_entry.php?id=270&area=All.

28. J. Casey, "Effective Workplace Series", *Work-Family Information on Flexible Work Schedules*, n. 2, 2006.

Capítulo 29
29. U.S. Bureau of Labor Statistics, "Self-Employed Workers by Industry and Occupation", *Employment Earnings Monthly*, edição de janeiro, tabela 593: http://www.bls.gov/cps/home.htm.

30. J.B. Rotter, "Generalized Expectancies for Internal vs. External Control of Reinforcement", *Psychological Monographs* 80, 609 (1966).

Bibliografia recomendada

Fontes que destacam o efeito que papéis, dinâmicas de grupo e relações entre grupos têm no comportamento de indivíduos nas empresas:

JANIS, I.L. *Victims of Groupthink: A Psychological Study of Foreign-Policy Decisions and Fiascos*. Boston: Houghton Mifflin Company, 1972.

SMITH, K.K. *Groups in Conflict: Prisons in Disguise*. Dubuque, EUA: Kendall/Hunt Publishing Company, 1982.

ZIMBARDO, P.G. e G. WHITE. *Stanford Prison Experiment Slide-Tape Show*. Stanford University, 1972: prisonexp.org.

Livros sobre administração e motivação de funcionários:

BRANHAM, L. *The 7 Hidden Reasons Employees Leave*. Nova York: Amacom, 2005.

BUCKINGHAM, M. e C. COFFMAN. *Primeiro quebre todas as regras*. Rio de Janeiro: Campus, 2001.

CAMPBELL, M.J. *Five Gifts of Insightful Leaders*. Newton, EUA: Charlesbank Press, 2006.

CARROLL, S. J., Jr. *Performance Appraisal and Review Systems: The Identification, Measurement, and Development of Performance in Organizations*. Glenview, EUA: Scott, Foresman and Company, 1982.

COLLINS, J. *Empresas feitas para vencer*. Rio de Janeiro: Campus, 2001.

FOURNIES, F. *Por que os subordinados nunca fazem exatamente o que se espera deles?* São Paulo: Makron Books, 2000.

HACKMAN, J.R., E.E. LAWLER III e L.W. PORTER. *Perspectives on Behavior in Organizations*. Nova York: McGraw-Hill Book Company, 1977.

HERZBERG, F.W. *Work and the Nature of Man*. Nova York: The World Publishing Company, 1973.

LAWLER, E.E. III. *Motivation in Organizations*. Monterey, EUA: Brooks/Cole Publishing Company, 1973.

MINER, J.B. *The Challenge of Managing*. Filadélfia: W. B. Saunders Company, 1975.

NASH, A.N. e S.J. CARROLL, Jr. *The Management of Compensation*. Monterey, EUA: Brooks/Cole Publishing Company, 1975.

PORTER, L.W., E.E. LAWLER III e J.R. HACKMAN. *Behavior in Organizations*. Nova York: McGraw-Hill Book Company, 1975.

SCHEIN, E.H. *Cultura organizacional e liderança*. São Paulo: Atlas, 2009.

SIROTA, D., L. MISCHKIND e M. MELTZER. *The Enthusiastic Employee: How Companies Profit by Giving Workers What They Want*. Filadélfia: Wharton School of Publishing, 2005.

STEERS, R.M. e L.W. PORTER. *Motivation and Work Behavior*. Nova York: McGraw-Hill Book Company, 1975.

TAYLOR, F. *Princípios de Administração científica*. São Paulo: Atlas, 1995.

WANOUS, J.P. *Organizational Entry: Recruitment, Selection, and Socialization of Newcomers*. Reading, EUA: Addison-Wesley Publishing Company, 1980.

Livros sobre consultoria, trabalho autônomo e desenvolvimento de um negócio próprio:

GERBER, M.E. *O mito do empreendedor revisitado*. São Paulo: Saraiva, 1998.

KATCHER, B.L. *The Consultant's Corner: Practical Advice and Insights for Beginning and Experienced Consultants*. 2006, e-book disponível em http://www.discoverysurveys.com/store.html.

WEISS, A. *Million Dollar Consulting: The Professionals Guide to Growing a Practice*. Nova York: McGraw-Hill, Inc., 1992.

Agradecimentos

Em primeiro lugar, eu gostaria de agradecer aos meus clientes por se associarem a mim para tornar suas organizações mais produtivas e para criar um local de trabalho mais satisfatório. Juntos, nos esforçamos para encontrar o equilíbrio adequado entre as realidades corporativas e um tratamento humano dos funcionários.

Obrigado a minha esposa, Trinka, e a meus filhos, Ben e Melanie, que sempre apoiaram meu trabalho.

Obrigado a minha irmã, Andrea Brudnicki, cujo complicado histórico profissional me forneceu uma fonte inesgotável de exemplos dos erros cometidos pelas equipes de gerência.

Obrigado a meus colegas na Society of Professional Consultants, pela força, pela amizade e pelo apoio intelectual.

Por fim, obrigado a meu cunhado e amigo, Adam Snyder, por me ajudar a pôr minhas ideias em um formato coerente e legível.

Informações sobre os próximos lançamentos

Para receber informações sobre os lançamentos da Editora Sextante, basta cadastrar-se diretamente no site www.sextante.com.br

Para saber mais sobre nossos títulos e autores, e enviar seus comentários sobre este livro, visite o nosso site www.sextante.com.br ou mande um e-mail para atendimento@esextante.com.br

Editora Sextante
Rua Voluntários da Pátria, 45 / 1.404 – Botafogo
Rio de Janeiro – RJ – 22270-000 – Brasil
Telefone: (21) 2538-4100 – Fax: (21) 2286-9244
E-mail: atendimento@esextante.com.br